Athletiktraining mit dem Gewichtssack

Athletiktraining mit dem Gewichtssack

Grundlagen, Übungskatalog, Traingsprogramme

Stefan Schurr

Copyright Stefan Schurr – Winterbach 2017

Das Werk ist einschließlich aller seiner Teile urheberrechtlich geschützt. Jede Verwertung außerhalb der engen Grenzen des Urheberrechtsgesetzes ist ohne Zustimmung des Verlages unzulässig und strafbar. Das gilt insbesondere für Vervielfältigungen, Übersetzungen, Mikroverfilmungen und die Einspeicherung und Verarbeitung in elektronischen Systemen. Aus Gründen der besseren Übersicht erfolgt im Text keine explizite Differenzierung zwischen der weiblichen und männlichen Form.

Herstellung und Verlag:

BoD - Books on Demand, Norderstedt

ISBN-13: 978-3-7431-6462-8

Inhalt

Vorwort	9
Athletiktraining	11
Stütz- & Bewegungsapparat	13
Funktionelles Training	23
Trainingsdurchführung	38
Übungsausführung	42
Der Gewichtssack	45
Das Aufwärmen	48
Übungskatalog	55
Faszienmassage	57
Übungen Ganzkörper	65
Übungen Schwünge	85
Übungen Beine	97
Übungen Oberkörper	107
Übungen Rumpf	123
Trainingsprogramme	143

Vorwort

Athletiktraining hat sich sowohl im Fitness- als auch im Leistungssport einen festen Platz erobert. Und das zu Recht! Es sorgt für eine harmonische und umfassende körperliche Ausbildung und damit auch dafür, dass der Athlet belastbarer wird. Sowohl im Alltag als auch im Sport. So dient es einerseits der Verletzungsprophylaxe und ermöglicht Leistungssportlern in ihrer Spezialsportart mit größeren spezifischen Belastungen zu trainieren. Andererseits profitieren aber auch Gesundheits- und Fitnesssportler von einer generell höheren Belastbarkeit im Alltag und einem gesteigerten Wohlbefinden.

Nachdem in den letzten Jahrzehnten das vorausgegangenen Jahrhunderts vor allem das Training einzelner Muskeln im Mittelpunkt des Interesses stand, entwickelte sich in den 2000er Jahren zunehmend ein Fokus auf das sogenannte funktionelle Krafttraining. Es ist zweckorientiert und trainiert einerseits das Zusammenspiel der Muskulatur innerhalb einer Bewegung sowie andererseits auch die Muskeln, die die wichtige Aufgabe der Stabilisierung einzelner Gelenke innerhalb einer Bewegung wahrnehmen. Denn nur wenn sie harmonisch zusammenwirken werden komplexe Bewegungsaufgaben effizient und ökonomisch ausgeführt.

Durch komplexe Bewegungen werden im Training auch Sensomotorik und Koordination mittrainiert. Auch das Training dieser Eigenschaften gehört zum klassischen Athletiktraining.

Seit einigen Jahren ist eine weitere Komponente verstärkt in das Interesse von Sportlern, Trainern und Physiotherapeuten gerückt: Das Training des komplexen Fasziennetzwerkes. Es ergänzt und erweitert das funktionelle Krafttaining und macht damit das Athletiktraining erst komplett.

Das muskuläre System arbeitet immer im Zusammenspiel mit seinen faszialen Strukturen! Wird dies im Training berücksichtigt, dann kann ein gezieltes Faszientraining die Leistungsfähigkeit von Sportlern optimieren und im Alltag zur Beseitigung von Schmerzen beitragen. Gerade bei der Volkskrankheit Nummer eins, den chronischen Rückenbeschwerden, sind oft positive Effekte und große Erfolge zu verzeichnen.

Athletiktraining

Athletiktraining spielt in vielen Sportarten eine wichtige Rolle. Als Ergänzung zum konventionellen Krafttraining wird es meist ganzjährig ins Training integriert. Leistungssportler machen es bereits seit längerer Zeit vor, aber auch Freizeit- und Breitensportler erkennen mehr und mehr die Bedeutung einer umfassenden athletischen Konditionierung. Daher hat das Athletiktraining auf jeder Leistungsstufe eine große Bedeutung. Die wichtigsten Gesichtspunkte sind dabei sicherlich:

- Leistungssteigerung in der Spezialsportart
- Vergrößerung der generellen Belastbarkeit
- Verringerung der Verletzungsanfälligkeit

Das Athletiktraining läßt sich auch sehr gut im Rahmen eines allgemeinen Fitnesstrainings oder als Ergänzung zum Krafttraining an Geräten einsetzen. Und letztendlich kann es auch die Rehabilitation nach Verletzungen beschleunigen und den Sportler wieder schnell an sein altes Leistungsniveau heranführen.

Das Athletiktraining stützt sich im Wesentlichen auf vier Säulen, dem Faszientraining, dem Training der Sensomotorik, der funktionellen Kräftigung sowie dem Training der Koordination. Man kann sich das ganze ganz gut als das Fundament eines Hauses vorstellen, auf dessen Grundlage dann die spezifischen Trainingsinhalte und Belastungen in der Spezialsportart aufgebaut werden können.

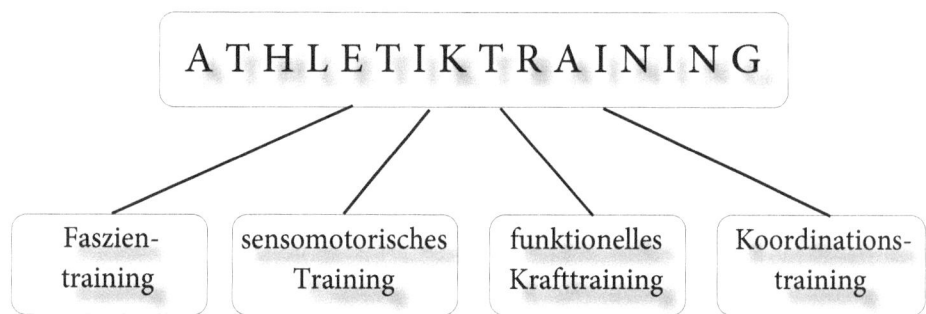

Einen besonderen Schwerpunkt werden wir in diesem Buch auf die ersten drei Bereiche legen, das Faszien-, das sensomotorische sowie das funktionelle Krafttraining. Das Training der Koordination ist gewissermaßen ein Beiwerk, das bei funktionellen Übungen, die an sportartspezifische und alltägliche Bewegungen angelehnt sind, immer auch mittrainiert wird. Das spezielle Koordinationstraining wird dann entsprechend der Bewegungsstruktur der Spezialsportart im spezifischen Teil des Trainings durchgeführt.

Athletiktraining kann und sollte ganzjährig betrieben werden. Für Leistungssportler liegt der Schwerpunkt dabei sicherlich in der Vorbereitungsperiode, in der die Grundlagen für den weiteren Saisonverlauf in der Spezialsportart gelegt werden. Um die hart erarbeiteten Grundlagen zu erhalten, sollte es aber auch in der Wettkampfsaison in vermindertem Umfang beibehalten werden.

Der Stütz- & Bewegungsapparat

Der Stütz- und Bewegungsapparat ist ein komplexer Verbund. Er besteht aus vielen einzelnen Teilsystemen, die einerseits dafür verantwortlich sind, dass der Körper seine Form behält und andererseits dafür sorgen, dass wir uns bewegen können. Erst das fein koordinierte Zusammenspiel seiner einzelnen Bestandteile bewirkt, dass die an ihn gestellten Aufgaben optimal erfüllt werden können.

Der Stütz- und Bewegungsapparat besteht sowohl aus aktiven als auch aus passiven Elementen. Zum passiven Teil gehören Knochen und Gelenke:

- **Knochen** bestehen aus Gewebe mit hoher mechanischer Widerstandsfähigkeit, aus denen sich das menschliche Skelett zusammensetzt. Es ist so konstruiert, dass flexible Bewegungen in alle Richtungen möglich sind.

- **Gelenke** sind die Verbindungen zwischen den Knochen, die Bewegung dieser mit- und gegeneinander ermöglichen. Es gibt Gelenke, die nur sehr eingeschränkt beweglich sind. Aber auch solche, die größere Bewegungen in mehrere Richtungen erlauben.

Zum aktiven Bestandteil des Stütz- und Bewegungsapparates gehören neben der Muskulatur, die den offensichtlichsten Anteil an der Bewegungsausführung beisteuert, auch noch Faszien, Sehnen und Bänder:

- **Muskulatur**, sie ist die Ursache für die Erzeugung von Kräften und damit die Hauptverantwortliche für alle Bewegungen, hat aber auch zahlreiche Stütz- und Stabilisierungsfunktionen.

- **Faszien** sind die Weichteil-Komponenten des Bindegewebes, die den ganzen Körper als ein umhüllendes und verbindendes Spannungsnetzwerk durchdringen. Dieses körperweite Netzwerk erhält die strukturelle Integrität. Das bedeutet, dass es dafür sorgt, dass sich die Teile des Körpers zu einem Ganzen zusammenfügen. Es unterstützt den Körper, schützt ihn und wirkt wie ein elastischer Stoßdämpfer bei Bewegungen. Faszien spielen für den Blutfluss sowie viele biochemische Prozesse eine wesentliche Rolle und bilden eine Matrix für die interzelluläre Kommunikation. Damit unterstützen Faszien auch die

Koordination und den harmonischen und ökonomischen Bewegungsfluss.

- **Bänder** schränken Bewegungen in ihrem Ausmaß ein und sind damit maßgeblich für die Gelenkstabilität verantwortlich. Wirken sehr große Kräfte auf ein Gelenk ein, so kann dies zu Schäden an den Bandstrukturen führen. Ein Ziel des Athletiktrainings besteht darin, die Gelenkstabilität durch die Kräftigung der umgebenden Muskulatur -den sogenannten lokalen und globalen Stabilisatoren- sowie eine Verbesserung der Sensomotorik zu erhöhen.

- **Sehnen** verbinden Muskeln mit Knochen und sind damit für die Übertragung der Muskelkraft auf das Skelettsystem verantwortlich. „Falsche" Bewegungen können Entzündungen oder im schlimmsten Fall auch einen Sehnenriss zur Folge haben. Dem wirkt das Athletiktraining entgegen, da es ökonomische Bewegungsabläufe trainiert, die umgebenden Strukturen kräftigt und damit auch Belastung von den Sehnen nimmt. Im Rahmen des Faszientrainings werden sowohl mechanische als auch elastische Eigenschaften der Sehnen verbessert, so dass sie effizient Energie speichern und wieder abgeben können.

Der menschliche Körper ist keine lose Ansammlung dieser einzelnen Komponenten. Im Gegenteil: sie sind eng ineinander verwoben und arbeiten gemeinsam. Je komplexer die Bewegungsanforderung ist, desto entscheidender ist deren optimales Zusammenwirken. Unterstützt wird es vom Nervensystem. Athletiktraining hat das Ziel alle Komponenten anzusprechen und in ihrer Funktionalität zu optimieren, so dass die bestmögliche sportliche Leistung im Verbund abgerufen werden kann. Aber nicht nur da: auch im Alltag können Bewegungen ökonomischer und effizienter ablaufen und die Gefahr von Überlastungen und Verletzungen kann minimiert werden.

Das Tensegrity Model

Das Tensigrity Modell beschreibt das komplexe Zusammenwirken der einzelnen Bestandteile des Organismus. Tensegrity ist eine Wortschöpfung der beiden englischen Wörter „tension" (Spannung) und „integrity" (Einheit). Heute gehen viele Forscher davon aus, dass der menschliche Körper nach diesem Prinzip aufgebaut ist: Muskeln, Faszien und Knochen bilden ein Spannungsnetzwerk, das bei Bewegungen dynamisch reagiert. Wird ein Muskel aktiviert, so kann eine Reaktion an einer ganz anderen Stelle im Körper hervorgerufen werden. Dabei geben lange Faszienketten Impulse weiter. Somit bilden Muskeln und Faszien ein zusammenhängendes Konstrukt das nur im Kollektiv funktioniert und sich gegenseitig beeinflusst. Dies sollte auch im Athletikraining berücksichtigt werden.

Die Muskulatur

Die Gesamtmuskulatur des Menschen besteht aus 639 einzelnen Muskeln. Zusammengenommen ergeben sie beim erwachsenen Mann etwa 40 bis 50 Prozent des Körpergewichts, bei Frauen reduziert sich der Anteil auf etwa 30 bis 40. Die Muskelmasse nimmt im Alter aufgrund der zunehmenden Inaktivität des Menschen um etwa 30 Prozent ab.

Muskelgewebe

Nach funktionellen und anatomischen Gesichtspunkten unterscheiden wir im menschlichen Körper drei Arten von Muskelgewebe:

- die glatte, unwillkürliche (Eingeweide-) Muskulatur
- die quergestreifte, unwillkürliche Herzmuskulatur
- die quergestreifte, willkürliche Skelettmuskulatur

Das **glatte Muskelgewebe** wird vom vegetativen Nervensystem gesteuert und ist daher willentlich nicht zu beeinflussen. Glatte Muskulatur findet sich überall dort, wo es nicht auf eine schnelle, sondern mehr auf eine lang andauernde Kontraktion ankommt. Sie kleidet die Wände von Hohlorganen aus und findet sich in Blutgefäßen, Haarwurzeln und Drüsen.

Innerhalb der quergestreiften Muskulatur nimmt der Herzmuskel eine Sonderstellung ein. Der Herzmuskels arbeitet autonom und ist von außen nicht beeinflussbar. Die Innervation des Herzmuskels erfolgt durch das vegetative Nervensystem.

Was uns im Rahmen des Athletiktrainings interessiert, ist die quergestreifte Skelettmuskulatur.

Je nach Größe besteht ein Muskel aus 10.000 bis 500.000 Muskelfasern, wovon jeweils 10 bis 30 zu Muskelfaserbündeln zusammengefasst sind. Sie bilden das kontraktile Element des Skelettmuskels und können bis zu 15 Zentimeter lang sein.

Zwischen den Muskeln befindet sich ein feinmaschiges Netz kleiner Blutgefäße, den Kapillaren, und Nerven. Muskelfaser, Muskelfaserbündel und der gesamte Muskel werden jeweils von einer schlauchartigen Bindegewebshülle, den sogenannten Faszien, umgeben. Die Muskelfaserbündel gehen an ihren Enden in Sehnen über. Diese sind mit dem Knochen verwachsen und übertragen die Muskelkraft auf das Skelettsystem.

Muskelaufgabe

Bei der Ausführung einer Bewegung sind immer mehrere Muskeln in Aktion. Erst bei koordiniertem Zusammenspiel ergibt sich eine komplexe Bewegung. Aufgrund der Aufgabe, die ein Muskel einnimmt, unterscheidet er sich von anderen:

Derjenige Muskel, der bei einer Bewegung kontrahiert und dem die entscheidende Rolle der Bewegungsdurchführung zukommt, wird als **Agonist** bezeichnet.

Muskeln, die den Agonisten bei der Bewegung unterstützen und mit ihm zusammenarbeiten heißen **Synergist**en.

Jede Bewegung wird also durch das Zusammenspiel von Agonist und Synergisten in der Ausführung beeinflusst. Muskeln, die gegen die Bewegungsrichtung arbeiten, auch wenn es sich dabei nur um eine passive Dehnung handelt, nennt man **Antagonist**en.

Neben diesen gibt es noch stabilisierende und fixierende Muskeln. Sie übernehmen die Aufgabe Knochen und Gelenke in einer definierten Position zu

„blockieren". Damit ermöglichen sie letztendlich erst die Bewegung.

Aneinander gereihte Muskeln, deren Wirkung sich im Rahmen eines Bewegungsablaufes ergänzen, werden Muskelschlingen oder **kinematische Muskelketten** genannt. Wie das genau abläuft wird etwas später in diesem Kapitel noch erläutert.

Das fein abgestimmte Zusammenspiel zwischen den synergistisch arbeitenden Muskeln einerseits und den antagonistisch arbeitenden Muskeln andererseits, ist eine der wichtigsten Funktionen des motorischen Nervensystems. Man bezeichnet dies als intermuskuläre Koordination. Erst durch den sinnvoll koordinierten Einsatz verschiedener Muskeln lassen sich auch komplizierte sportliche Bewegungen präzise und ökonomisch durchführen.

Dabei wird eine Bewegung umso flüssiger, eleganter und leichter, je weniger sie durch die Bremswirkung der antagonistischen Muskelgruppen behindert wird und je besser die Koordination zwischen Synergisten und Antagonisten funktioniert. Das bedeutet dann natürlich auch, dass für die Bewegung letztendlich ein wesentlich geringerer Krafteinsatz notwendig wird.

Aus Erfahrung wissen wir, dass ein neuer Bewegungsablauf beim Erlernen relativ anstrengend ist und dann auch verhältnismäßig schnell zu Ermüdungserscheinungen führt. Das liegt daran, dass das Nervensystem einen bestimmten Trainingszeitraum benötigt, um herauszufinden welche Kombination und Koordination der Muskeln für die neue Bewegung am Besten ist.

Koordination lässt sich also lernen und verbessern. Was manches Mal nach einem Kraftzuwachs aussieht, lässt sich oft auf eine verbesserte Koordination zurückführen. Diese Tatsache unterstreicht die Bedeutung eines regelmäßigen und konzentrierten Koordinations- und Techniktrainings in jeder Sportart.

Muskelarbeit

Der Impuls zur Muskelkontraktion entsteht in den Nervenzellen der motorischen Großhirnrinde und wird über Nervenfasern als elektrischer Impuls an die Muskulatur weitergeleitet. Die daran anschließende Reaktion in der Muskelzelle arbeitet dann nach dem Alles oder Nichts-Prinzip. Das bedeutet, dass die Muskelzelle entweder mit einer maximalen Kontraktion reagiert, oder, wenn der Reiz nicht stark genug war, eben nicht. Je nachdem wie viele Muskelzellen des Muskels aktiviert werden, kann dieser dann unterschiedlich große Kraftbeträge entfalten.

Man kann die Formen der Kontraktion und damit der Kraftentfaltung des Muskels nach folgenden Erscheinungsformen unterscheiden:

- **Isometrische Kontraktion:** es handelt sich um eine statisch-haltende Arbeitsweise, bei der im Muskel Spannungsänderungen auftreten, ohne dass es in der Muskulatur zu einer Längenänderung kommt.
Beispiel: Das Hängen an einer Klimmzugstange in einer bestimmten Höhe, der Bizeps arbeitet dabei isometrisch.

- **Konzentrische Kontraktion:** es handelt sich um eine positiv-dynamische, also überwindende, Arbeitsweise, bei der sich der Spannungszustand der Muskulatur verändert und sich der Muskel verkürzt: Ursprung und Ansatz nähern sich einander an.
Beispiel: Der Körper wird beim Klimmzug nach oben gehoben, dabei arbeitet der Bizeps konzentrisch.

- **Exzentrische Kontraktion:** es handelt sich um eine negativ-dynamische, also nachgebende, Arbeitsweise, bei der sich der Spannungszustand in der Muskulatur ändert und der Muskel gedehnt wird: Ursprung und Ansatz entfernen sich voneinander.
Beispiel: Beim Klimmzug wird der Körper langsam abgesenkt, der Bizeps arbeitet exzentrisch.

Wie aus dem angeführten Beispiel eines kompletten Klimmzuges gut ersichtlich ist, sind die meisten Bewegungen in der Praxis Mischformen der verschiedenen Kontraktionsformen. Meist spielt allerdings die dynamisch-überwindende (konzentrische) Arbeitsweise die größte und entscheidende Rolle bei Bewegungen.

Faszien

Faszien sind die Weichteil-Komponenten des Bindegewebes. Sie durchdringen als umhüllendes und verbindendes Spannungsnetzwerk den gesamten Körper mit seinem Bewegungsapparat und allen Organen. Jeder Muskel, jedes Muskelfaserbündel und jede Muskelzelle ist von Bindegewebe umhüllt. Bindegewebe hat im Körper weder Anfang noch Ende und ist als ein Geflecht von sich überlagernden, nahtlos ineinander übergehenden, derben Häuten zu verstehen. Auch Sehnen und Bänder bestehen aus Bindegewebe.

Ähnlich der Muskulatur lässt sich auch Fasziengewebe sehr gut trainieren, es reagiert auf Belastungen und passt sich entsprechend an. Regelmäßiges Training macht Faszien sowohl stärker und belastbarer als auch elastischer. Dadurch erhöht sich die generelle Leistungsfähigkeit, außerdem lässt die Anfälligkeit für Verletzungen deutlich nach.

Fasziengewebe

Faszien stellen nur eine von vielen Bindegewebsarten dar. Sie haben je nach Zusammensetzung spezielle Aufgaben. Auf dem Weltkongress zur Faszienforschung 2007 wurde beschlossen, dass sowohl das Bindegewebe im Bewegungsapparat als auch die festen Hüllen um die Organe als Faszien bezeichnet werden. Vereinfacht dargestellt, bestehen Faszien hauptsächlich aus Struktureiweißen und Wasser. Für die Funktion der Faszie sind vor allem die jeweiligen Anteile der Struktureiweiße Kollagen und Elastin verantwortlich.

Kollagene sind feste Fasern, die dem Körper seine Form geben. Sie sind dehnbar und trotzdem sehr reißfest.

Elastin ist elastisch und kehrt nach einer Dehnung wieder zu seiner alten Form zurück. Man kann es mit einem Gummi vergleichen.

Faszieneigenschaften

Trotz ihrer starken, straffen und dadurch belastbaren Eigenschaft sind Faszien extrem elastisch. Dies ergibt sich durch die Anordnung ihrer Moleküle in Form einer sogenannten Trippelhelix. Sie gibt der Faszie die Möglichkeit sich zu dehnen und wieder komplett in ihre ursprüngliche Form zusammenzuziehen. Dies ist im Zusammenhang mit der Kraftentfaltung sowie bei Bewegungen im sogenannten Dehnungs-Verkürzungs-Zyklus eine wichtige Eigenschaft.

Faszien können kurzfristig kinetische Energie speichern und sie dann wieder abgeben. Dieser Effekt wird beispielsweise bei plyometrischen Sprüngen oder Würfen ausgenutzt. Im Vergleich zu rein konzentrischer (überwindender) Muskelaktivität wird durch eine Vordehnung in der exzentrischen (nachgebenden) Phase eine höhere Kraft in der nachfolgenden konzentrischen Phase erzeugt. Durch diesen Effekt können Energiereserven innerhalb der Muskulatur eingespart werden.

Neben dieser elastischen Beschaffenheit haben Faszien auch viskoelastische Eigenschaften. Als viskoelastisch bezeichnet man teilweise elastisches, teilweise zähflüssiges Materialverhalten. Viskoelastische Stoffe vereinigen also Merkmale von Flüssigkeit und Festkörpern in sich. Aufgrund dieser Eigenschaft reagieren Faszien mit einer sogenannten „Kriechverformung", was so viel bedeutet, dass sich die Faszien an Haltungen und Strukturen anpassen. Das kann sich durchaus auch negativ auswirken: eine "schlechte" Körperhaltung bewirkt im Laufe der Zeit ungünstige Gewebeformen und -strukturen. Durch die Kriecheigenschaft können diese durch Training aber auch wieder positiv beeinflusst und umstrukturiert werden!

Dadurch, dass Faszien als verbindendes Spannungsnetzwerk auch den gesamten Bewegungsapparat umhüllen haben sie entscheidenden Einfluss auf die Beweglichkeit. Durch psychischen Stress, Operationen, Schonhaltungen sowie Bewegungsmangel und falschen Gebrauch des Körpers verkürzen und verhärten sich Faszien. Sie werden im Körper umgebaut. Die gut dehnbaren Elastinanteile nehmen ab und werden innerhalb der Faszie durch das zähe, kaum dehnbare Kollagen ersetzt. Der Grundtonus erhöht sich um ein Vielfaches. Faszien werden dadurch starr und unbeweglich. Aus diesem Grund verlieren sie einen Teil ihrer Gleitfähigkeit. Die gravierenden Folgen: Sie grenzen den Bewegungsspielraum unserer Muskulatur und unserer Gelenke dauerhaft und oft auch schmerzhaft ein.

Faszien & Sinneswahrnehmung

Im Fasziengewebe befindet sich eine enorme Zahl an Rezeptoren und Nervenzellen. Die Haut mal ausgenommen, sechs Mal mehr als in anderen Gewebearten. Deswegen bezeichnen wir Faszien im erweiterten Sinne auch als Sinnesorgan. Rezeptoren sind unter anderem für das Bewegungsgefühl und die Sensomotorik verantwortlich.

Durch Faszientraining kann das Körpergefühl und die Körperwahrnehmung geschult und verbessert werden.

Für das Faszientraining sind vor allem die Mechanorezeptoren von Bedeutung. Das sind die Nervenendigungen, die spezifische Berührungs- und Druckinformationen an das zentrale Nervensystem weiterleiten und damit zum Körpergefühl und der Präzision bei Bewegungen beitragen. Je nach Art des Trainings werden unterschiedliche Rezeptoren angesprochen und trainiert. Für das Training sind vier unterschiedliche Arten von Nervenendigungen relevant:

Golgi-Rezeptoren:
Spannungsrezeptoren, die vor allem an Sehnen-Muskeln-Übergängen und an Gelenken sitzen. Ihre Stimulation beeinflusst den Muskeltonus. Durch ihre Entspannung werden auch Sehnen an den Gelenkstrukturen entspannt. Ihre Aktivierung erfolgt über einleitende Bewegungen zum Einnehmen einer maximale Dehnung im Rahmen des Dehnungs-Verkürzungs-Zyklus. Hier wird Spannung erzeugt um im Anschluss den Bewegungsradius zu erweitern.

Pacini-Rezeptoren:
Sie gehören zur Gruppe der Mechanorezeptoren und sitzen in Facettengelenken, in Gelenkkapseln, dem Muskelgewebe sowie dem Übergangsbereich zwischen Muskeln und Sehnen.

Pacini-Rezeptoren benötigen ständig neuen Reiz, reagieren auf schnellen Druckwechsel, Vibration und schaukelnde oder schnelle Impulse. Ihre Massage reduziert die lokalen An- und Verspannungen, so dass sie sich anschließend auch durch verbesserte Propriozeption die Bewegungspräzision verbessert.

Ruffini-Rezeptoren:
Nervenendingungen, die vor allem in den Bändern von Gelenken und der äußeren Gelenkkapsel vorkommen sowie in der losen und tiefen Faszienschicht, die unter anderem die Muskulatur umhüllt. Ruffini-Rezeptoren reagieren auf wechselnden anhaltenden Druck, am liebsten in großer Fläche in Verbindung mit diagonalen Scherkräften. Dies kann den sympathischen Tonus des zentralen Nervensystems global senken, so dass ihre Massage eine entspannende Wirkung auf den gesamten Körper hat.

Interstitielle-Rezeptoren:
Freie Nervenendigungen, die Berührungs- sowie Schmerzinformationen weiterleiten. Sie sind im gesamten Körper verteilt, mit besonders hoher Dichte in der Knochenhaut. Sie reagieren auf schnelle Druckwechsel sowie Dauerdruck. Durch die hohe Dichte der Nervenzellen können selbst kleinste Gelenkveränderungen wahrgenommen werden. Interstitielle Rezeptoren reagieren auf Lageveränderungen und stellen somit die wichtigsten Rezeptoren unter den Propriozeptoren dar. Sie senden Signale um die Bewegung möglichst energiesparend zu gestalten.

Funktionelles Training

Bewegungen entstehen durch ein fein koordiniertes Zusammenspiel mehrerer Muskeln. Unterstützt werden sie dabei vom umfassenden Spannungsnetzwerk der Faszien, das sich über den gesamten Körper ausbreitet. Es ist egal, ob es sich um einfache und vergleichsweise alltägliche Bewegungen, wie zum Beispiel gehen, handelt oder komplexere Bewegungen ablaufen. Isolierte Muskelaktivität gibt es so gut wie nie. Auch im Alltag nicht. Diesem Gesichtspunkt versucht das funktionelle Training gerecht zu werden. Mehrdimensionale Übungen entsprechen den Bewegungsmustern unseres Körpers, so dass sich Kraft, Koordination und Beweglichkeit, die sich im Training entwickeln, optimal auf die Anforderungen unterschiedlichster Sportarten übertragen lassen. Das Augenmerk liegt nicht ausschließlich auf mehr Kraft sondern ebenso auf Bewegungsökonomie, Geschmeidigkeit, Gleichgewicht und Körperstabilität. Diese Eigenschaften spielen vor allem bei dynamischen Bewegungen eine ganz entscheidende Rolle. Und damit quasi generell im Sport. Denn so gut wie jede Sportart lebt schließlich von ihrer Dynamik!

Funktionelles Krafttraining wirkt einseitiger Muskelentwicklung entgegen und verbessert durch die komplexen Trainingsanforderungen und den Teilaspekt des sensomotorischen Trainings, die Gelenkstabilität. Durch sensomotorisches Training werden Körperwahrnehmung, Bewegungsökonomie sowie Gelenkstabilität verbessert. Der Einsatz funktionellen Kraft- und Sensomotoriktrainings bietet vor allem folgende Effekte und Vorteile:

Leistungssteigerung in der Spezialsportart durch die Verbesserung:

- komplexer Bewegungsmuster
- der Muskelansteuerung durch das zentrale Nervensystem
- der Beweglichkeit
- der Kraft

Verletzungsprophylaxe durch:

- Verbesserung der Gelenkstabilität
- Vermeidung einseitiger Muskelentwicklung

Funktionelles Faszientraining trägt zu verbesserter Körperhaltung und -wahrnehmung, zu erhöhter Flexibilität sowie erhöhter Kraftentfaltung vor allem bei dynamischen Bewegungen bei. Außerdem kann es die Regeneration unterstützen!

Die wesentlichen Vorteile für Bewegungen in Sport und Alltag sind:

- erhöhte Belastbarkeit von Sehnen und Bändern
- Schutz vor Verletzungen und Schmerzen
- Effizienter Einsatz der Muskulatur
- Verkürzung der Regenerationszeiten
- Verbesserung der Koordination und generellen Beweglichkeit

Damit trägt ein kombiniertes funktionelles Kraft- und Faszientraining dazu bei, dass Sportler über eine größere Belastungsverträglichkeit verfügen. Sie sind weniger verletzungsanfällig und damit auch generell leistungsfähiger. Funktionelles Training ist somit sowohl zur Gesunderhaltung und Fitnessverbesserung im Breiten- als auch zur Leistungssteigerung im Spitzensport geeignet. Nach Verletzungen kann es den Sportler in der Rehabilitation unterstützen und ihn wieder schnell an seine alte Leistungsfähigkeit heranführen.

Funktionelles Krafttraining

Funktionelles Krafttraining unterscheidet sich ganz wesentlich vom konventionellen geräteunterstützten Krafttraining. Hier sind viele Bewegungsabläufe durch die Art und Weise des isolierten Muskeltrainings geprägt. Wenn wir uns aber fragen wie viele Bewegungen, sowohl im Sport als auch im Alltag, auf ein einzelnes Gelenk, beziehungsweise eine einzelne Muskelgruppe, beschränkt sind, dann kommen wir zu einer eindeutigen Antwort: KEINE.

Vern Gambetta und Gary Gray, zwei anerkannte Experten auf dem Gebiet des funktionellen Trainings, beziehen zu diesem Themenkomplex eindeutig Stellung: „Bewegungen, die nur einen einzigen Muskel isoliert beanspruchen, sind als unfunktionell zu bezeichnen. Funktionelle Bewegungsformen integrieren immer mehrere Muskeln und Muskelgruppen gleichzeitig" (Gambetta und Gray 2002).

Zur deutlichen Abgrenzung von isoliertem und funktionellem Krafttraining können wir somit die folgenden Konsequenzen herausstellen:

- im **isolierten Krafttraining** geht es vorrangig um die Verbesserung der muskulär-energetischen und nervalen Einflussgrößen innerhalb des Muskels.

- **Funktionelles Krafttraining** dient der Verbesserung des Zusammenspiels der Muskulatur innerhalb einer komplexen Bewegung.

Isoliertes Training eignet sich damit sehr gut um die Kraft einzelner Muskeln oder ausgewählter Muskelpartien zu steigern, birgt aber die Gefahr in sich, dass es bei einseitiger Ausrichtung zu so genannten Muskelfehlsteuerungen führen kann. Es handelt sich dabei um ein Ungleichgewicht in der muskulären Entwicklung, das sich dann negativ auf Koordination, Bewegungspräzision sowie Ökonomie bei sportartspezifischen Abläufen auswirken kann. Weitere mögliche Konsequenzen können Verletzungen und Abnutzungserscheinungen durch Über- oder Fehlbelastung der Gelenke, Muskeln und Sehnen sein. Ein Teufelskreis den es unbedingt zu durchbrechen gilt! Funktionelles Krafttraining ist ein wirkungsvoller Ansatz, der mit vergleichsweise geringem Aufwand optimale Resultate erzielt und den Sportler verletzungsfrei und leistungsfähig hält!

Eine Ergänzung des isolierten Krafttrainings durch funktionelles Krafttraining wirkt also dem beschriebenen Dilemma entgegen. Es steigert die Kraft, verbessert die Haltung und führt damit auch zu größerer Beweglichkeit sowie präziserer Koordination.

Die Frage ist also nicht: Isoliertes oder funktionelles Krafttraining! Es gilt beide Komponenten sinnvoll in das Training zu integrieren, wobei je nach Leistungsvermögen des Athleten, Sportart und Trainingsphase der Schwerpunkt mehr auf der einen oder anderen Seite liegen kann.

Kinematische Muskelketten

Wie bereits erwähnt, geht es beim funktionellen Krafttraining um das Training von Bewegungsabläufen. Um die Wirkungsweise besser zu verstehen weichen wir von der konventionellen Betrachtung von Muskelbewegungen ab und versuchen diese in ihrem funktionalen Zusammenspiel zu erfassen. Das stützt sich nicht auf althergebrachte Begriffe wie Beugung und Streckung in einem Gelenk, sondern beschreibt die Muskelfunktionen als kinematische Kettenreaktion über mehrere Gelenke. Damit erfassen wir den gesamten Bewegungsablauf von der Ausgangs- bis in die Endposition. Dieses Konzept betrachtet damit alle an der Bewegung beteiligten Muskeln und Gelenke in ihrem Zusammenspiel. Was bedeutet das konkret?

Um Bewegungsabläufe im Alltag oder Sport auszuführen, nutzen wir so genannte kinematische Muskelketten. Für eine flüssige Kraftübertragung von einer Ausgangs- zu einer Endposition muss das Zusammenspiel mehrerer Muskeln zeitlich optimal koordiniert werden. Im Idealfall addieren sich dabei alle Kraft- und Schwungimpulse innerhalb der Bewegung. Das Beispiel eines Tennisaufschlages soll dies verdeutlichen:

- die Aufschlagbewegung wird durch eine Vorwärtsverlagerung des Körpergewichtes eingeleitet
- der Ball wird mit einer Körperaufrichtung und Gewichtsverlagerung nach hinten hochgeworfen, der Schläger gleichzeitig über den Kopf nach oben gebracht
- durch die Körperspannung wird diese Kraft weitergeleitet und verstärkt
- eine Rotation des Oberkörpers um die Längsachse unterstützt und verstärkt den Kraftimpuls weiter, womit auch die Schlagschulter von hinten nach vorne gebracht wird
- durch die Schlagbewegung des Armes aus der Schulter wird der Impuls auf den Unterarm übertragen und durch die Streckung des ganzen Armes weiter verstärkt
- der letzte Kraftimpuls kommt dann abschließend aus dem Handgelenk, das zum Zeitpunkt des Treffpunktes gleichzeitig nach vorne/unten klappt.

Richtig koordiniert und im Bewegungsablauf optimiert, ergibt die Summe all dieser Kraftimpulse einen möglichst harten und effektiven Aufschlag.

Die Ursache des Ganzen ergibt sich aus der kinematischen Muskelkette. Unterstützung erfahren diese Muskelketten vom ebenfalls beteiligten Fasziennetzwerk. Im dargestellten Beispiel wird dies besonders beim Aufbau der Körperspannung deutlich. Hier nehmen Faszien Energie im (langen) Dehnungs-Verkürzungs-Zyklus auf und geben sie in der Schlagbewegung wieder ab. So kann ein größerer Kraftimpuls generiert werden.

Die drei großen kinematischen Ketten des Körpers sind für das Training besonders interessant:

- die **ventrale Kette**, die sich auf der Vorderseite des Körpers vom Kopf bis zu den Zehenspitzen erstreckt
- die **dorsale Kette**, sie umfasst die gesamte rückwärtige Muskulatur vom Kopf bis zu den Fersen
- die **laterale Kette**, die sich entlang der Körperseite erstreckt

Ergänzend zu diesen drei großen Muskelketten gibt es viele weitere, die dann auch bei Rotations- und Drehbewegungen ihren Beitrag zur Kraftentwicklung leisten. Ganz nach individueller Anforderung. Muskelketten ergeben sich aus der Bewegungsaufgabe und können vielfältiger Natur sein, das Beispiel des Tennis-Aufschlags verdeutlicht es anschaulich.

Wenn wir dieser Betrachtung folgen, dann ergeben sich viele Ansatzpunkte, die für das Training in Bewegungen und kinematischen Ketten sprechen. Andererseits kann aber auch ein isoliertes Training einzelner Muskelgruppen sinnvoll sein. Vor allem dann, wenn es sich um Schwachstellen innerhalb einer Muskelkette handelt. In diesem Zusammenhang spricht der amerikanische Fitnessexperte Mark Verstegen vom Konzept der „Innervation durch Isolation", was so viel bedeutet, dass Muskeln manchmal auch isoliert werden müssen um in ihrer Funktion gestärkt zu werden. So verbessert sich durch die gezielte Kräftigung einzelner Muskeln deren individuelle Funktionalität und damit auch die Funktionalität des gesamten Körpers. In besonderem Maße trifft dies auf die folgenden drei Muskelgruppen zu:

- tiefe Bauchmuskulatur
- Hüftabduktoren
- Schulterblattstabilisatoren

Wir können innerhalb einer Bewegung immer nur so effektiv und kraftvoll arbeiten, wie es das schwächste Glied der betroffenen kinematischen Kette zulässt. Daher wird beim funktionellen Training sehr viel Wert auf das Core-Training (Rumpfmuskulatur) gelegt. Der Körperkern nimmt bei fast allen Bewegungen eine Schlüsselrolle ein. Wir benötigen eine starke Rumpf- und Hüftmuskulatur um Kräfte möglichst effektiv auf Gliedmaßen zu übertragen. Eine ähnlich wichtige Rolle für Bewegungen aus dem Oberkörper kommt der Schultermuskulatur zu, insbesonders den Schulterblattstabilisatoren. In

Verbindung mit der oberen Rücken- und Nackenmuskulatur sind sie außerdem für eine aufrechte Haltung von Rücken und Kopf mitverantwortlich.

Gelenkstabilisation

Muskeln lassen sich in Ihrer Funktion ganz grob in zwei Klassen einteilen: Erstens in die Muskeln, die für ein Gelenk eine stabilisierende Funktion wahrnehmen. Und zweitens in die, die im Gelenk für die Bewegung zuständig sind. Erstere bezeichnet man als Stabilisatoren, zweitere als Mobilisatoren. Stabilisatoren können zusätzlich in lokale und globale Stabilisatoren unterteilt werden.

Lokale Stabilisatoren werden auch gerne als die tiefliegenden Muskeln bezeichnet, sie setzen sehr nah an der Drehachse des Gelenks an und haben die primäre Stütz- und Schutzfunktion für das Gelenk. Sie sind damit für die Feinjustierung und vor allem statische Stabilität des Gelenks verantwortlich. Sie haben keine Bewegungsfunktion und bestehen aus ausdauernden, langsam kontrahierenden Fasern. Um ihre Funktion optimal erfüllen zu können, weisen lokale Stabilisatoren immer eine leichte Muskelspannung auf, so dass sie schnell auf einwirkende äußere Kräfte reagieren können.

Globale Stabilisatoren können größere Kräfte abfangen und unterstützen die lokalen in ihrer Funktion. Sie können auf mehrere Gelenke wirken und sind vor allem für die Kontrolle und das Gleichgewicht in einer Bewegung zuständig.

Mobilisatoren sind die oberflächlichen Muskeln unseres Körpers und für Bewegungen im Gelenk verantwortlich. Meist überbrücken sie ein oder zwei Gelenke.

Manche Muskeln können je nach Situation und Anforderung sowohl als globale Stabilisatoren als auch als Mobilisatoren arbeiten.

Das funktionelle Krafttraining berücksichtigt auch den wichtigen Aspekt der Gelenkstabilisation mit dem so genannten sensomotorischen Training.

Sensomotorisches Training

Sensomotorik beschreibt das Zusammenspiel von Sinnesorganen, Nervensystem und bewegungsausführenden Organen -also vor allem der Muskulatur- und ist damit die Grundlage jeder Bewegung. Je besser die einzelnen Bestandteile zusammenspielen, desto effektiver, sicherer und ökonomischer können Bewegungen sowohl im Alltag als auch im Sport ausgeführt werden.

Das sensomotorische Training ist ein Teilaspekt des Athletiktrainings, das speziell die so genannte „Tiefensensibilität" und reflektorische Muskelaktivität des Körpers schult. Durch dieses Training werden Körperwahrnehmung, Bewegungsökonomie sowie Gelenkstabilität verbessert.

Vor allem der letzte Punkt ist für eine wirkungsvolle Verletzungsprophylaxe entscheidend, denn lokale Stabilisatoren können auf herkömmliche Art und Weise nicht trainiert werden. Ihre Aufgabe besteht ja gerade darin, dass Bewegungen unterbunden werden und damit das Gelenk stabilisiert wird. An dieser Stelle greift das sensomotorische Training: Indem durch instabile Übungsbedingungen und die gleichzeitige Verarbeitung zusätzlicher äußerer Reize neue Bewegungs- oder Stabilisierungsanforderungen gestellt werden, verändern sich Spannungs- und Bewegungsmuster der Muskulatur. Der Athlet muss sich entsprechend darauf einstellen, sein Bewegungsreportoire wird erweitert.

Für den Sportler bedeutet das, dass durch Übungen unter instabilen Bedingungen die Bewegungssicherheit und -variabilität verbessert wird und er sich schneller und effektiver auf veränderte Bedingungen einstellen kann.

Auf Grundlage der hier angestellten Überlegungen kann man dem sensomotorischen Training somit vor allem zwei wesentliche Zielsetzungen zuordnen:

1. Verbesserung der funktionellen Gelenkstabilität

Die funktionelle Gelenkstabilität wird innerhalb einer Gelenkverschiebung maßgeblich durch den zu jedem Zeitpunkt veränderlichen Muskeltonus bestimmt und ist damit ein wichtiger Schutzmechanismus für das Gelenk. Durch sensomotorisches Training wird die neuromuskuläre Reaktionsbereitschaft wesentlich verbessert. Die Gelenkstabilität wird optimiert, was wiederum einen Beitrag zur Verletzungsprophylaxe leistet.

2. Kontrolle und Erlernen von Bewegungsmustern

Ein Teil des sensomotorischen Trainings dient auch dazu, neue Bewegungsmuster zu meistern oder alte wieder neu zu erlernen. Dies ist beispielsweise nach einer längeren (verletzungsbedingten) Pause der Fall. Die damit verbundene Inaktivität führt zu einer verminderten Gelenkstabilität. Ziel des sensomotorischen Trainings ist es dann, möglichst schnell und möglichst nah wieder an das alte Bewegungsmuster zu gelangen.

Die Wirkungen des sensomotorischen Trainings sind folgende:

- Verbesserung der inter- und intramuskulären Reaktion
- Erweiterung des Bewegungsspektrums
- Gute Haltungsstabilität durch muskelaufbauende Wirkung
- Ökonomischer Krafteinsatz bei Alltags- und Sportbelastungen
- Verbesserte Reaktionsmöglichkeit auf externe Reize
- Verbesserung des Körpergefühls
- Verbesserung des Gleichgewichts

Wie beim Koordinations- und Techniktraining führt ein häufiges Wiederholen der Bewegungsmuster zu spezifischen Anpassungserscheinungen. Mit der Zeit werden Bewegungen ökonomischer ausgeführt und sind mit größerer Stabilität sowie geringerem Krafteinsatz durchführbar. Generell sollte sensomotorisches Training nach folgenden Grundsätzen ablaufen:

- vom Bekannten zum Unbekannten
- vom Leichten zum Schwierigen
- vom Einfachen zum Komplexen

Übungen können variiert und quasi beliebig erschwert werden.

1. veränderte Sensorik:
durch verschiedene Maßnahmen werden unter Zusatzbedingungen oder -aufgaben variable Sinnesempfindungen vermittelt. Der Athlet muss sich so den veränderten Bedingungen anpassen. Eine labilen Unterlage kann zum Bespiel das Gleichgewicht stärker fordern.

2. eingeschränkte Sensorik:
die Übung wird durch ausgeschaltete Sinne erschwert, so dass andere Sinneswahrnehmungen mehr gefordert werden. Beispielsweise wird dies durch das Schließen der Augen erzwungen.

Beim sensomotorischen Training ist die Konzentration auf die zu verbessernden Prozesse der Bewegungssteuerung die alles entscheidende Komponente. Koordinative Anforderungen müssen über das „normale" Maß hinaus erhöht werden. Dies geschieht mit vielfältigen und ungewohnten Bewegungsaufgaben sowie neuen, veränderten, und „kniffligen" Übungsbedingungen. Sensomotorisches Training sollte grundsätzlich in ermüdungsfreiem Zustand erfolgen. Der Athlet sollte konzentriert üben und die koordinativen Herausforderungen aktiv bewältigen.

Progression
Der methodische Weg im sensomotorischen Training sollte immer von einer einfachen Übungsausführung ausgehen. Wird die Übung beherrscht, dann kann sukzessive die Schwierigkeit erhöht werden. Die Übungsprogression sieht folgendermaßen aus:

- von kleiner zu großer Bewegungsamplitude
- von großer zu kleiner Unterstützungsfläche
- von einfachen zu komplexen Bewegungsmustern
- Kombination der Hauptübung mit Zusatzaufgaben

Funktionelles Faszientraining

Beim Krafttraining werden auch Faszien bei jeder Bewegung mit einbezogen. So gesehen gibt es kein isoliertes Kraft- oder Faszientraining, die Strukturen arbeiten stets im Verbund und bilden eine Einheit. Aber Faszien haben auch eigenständige Funktionen sowohl in der Bewegung als auch in der Haltung des Körpers, so dass man Faszien auch gezielt trainieren kann. Das Training sollte alle vier in den faszialen Strukturen enthaltene Rezeptoren ansprechen und fordern. Wenn das Training der faszialen Strukturen verstärkt mit einbezogen wird gewinnt das gewohnte Krafttraining an Effektivität.
Viele Schmerzen im Bewegungsapparat haben ihren Ursprung in faszialen Strukturen und können wirkungsvoll „bekämpft" werden, Gerade beim Volksleiden Nummer eins, den Rückenschmerzen, lassen sich oft mit ergänzendem Faszientraining durchschlagende und langanhaltende Erfolge erzielen.

Dehnung der Faszien

Faszien sind um Muskeln unterschiedlich angeordnet und verlaufen sowohl längs als auch quer und seriell zur Muskelrichtung.

Klassische Dehnübungen werden meist isoliert für einzelne Muskeln und lediglich in eine bestimmte Richtung durchgeführt. So erfassen sie auch nur einen kleinen Teil der Faszien. Will man einen größeren Anteil mit der Dehnung ansprechen, so sollte man möglichst lange fasziale Ketten mit einbeziehen und diese in unterschiedliche Richtungen dehnen. Bei den Dehnungen kommen sowohl das Stretching, bei dem die Dehnung in der Endposition kurz gehalten wird, als auch das dynamische Dehnen mit leichtem Wippen in der Endposition zum Einsatz.

In der Praxis sieht das Fasziendehnen dann so aus, dass die Übung aus der Ausgangsposition in die jeweilige Dehnstellung geführt wird. Nach kurzem Verharren in der Endstellung, das je nach Zielstellung statisch oder auch leicht dynamisch wippend ausfallen kann, geht man in die Ausgangsposition zurück. Anschließend wird die Dehnung in leicht verändertem Bewegungswinkel wiederholt. Durch mehrmalige leichte Variation der Bewegungsrichtung kann man einen großen Anteil der myofaszialen Strukturen ansprechen.

Abb.: Dehnung in unterschiedlichen Bewegungswinkeln

Sinnvoller Einsatz der Dehntechniken

Untersuchungen von Freiwald (Freiwald, 2009) führten bei Dehnübungen, im Vergleich zu einem Auslaufen unmittelbar nach isometrischen Kraftbelastungen, zu einer deutlich verringerten muskulären Entspannung und Regeneration. Gerade ein statisches Dehnen verringert die Durchblutung innerhalb der Muskulatur durch eine Kompression der Kapillaren, so dass die Sauerstoffversorgung verschlechtert wird. Aus diesem Grund sollte unmittelbar nach Trainingsbelastungen auf statische Dehnungen verzichtet werden. Lockerungs- und eventuell ein paar leichte dynamische Dehnungen als Ergänzung zu einem auslaufen, -radeln oder -schwimmen versprechen bessere Ergebnisse. Intensive Dehnprogramme nach dem Training haben auf die Muskulatur auf jeden Fall einen zusätzlichen belastenden Charakter und keinesfalls den oft erhofften regenerationsfördernden Effekt.

Nach Abklingen der Übersäuerung und einer ersten muskulären Erholung kann auch ein statisches Dehnprogramm durchgeführt werden. Der zeitliche Abstand zum Training oder Wettkampf sollte dabei mindesten ein bis zwei Stunden betragen. Sportler berichten nach dem Dehnen auch über angenehme Empfindungen und beschreiben einen positiven Effekt auf die psychische Regeneration, so dass das Dehnen gewissermaßen auch zu den psychischen Regenerationsmaßnahmen gezählt werden kann. Eine Kombination mit anderen Entspannungstechniken, wie beispielsweise Yoga, kann die Effekte zusätzlich verstärken.

Freiwald (Freiwald 2009) empfiehlt für die psychische Regeneration die Methode des statischen Dehnens mit einer Dauer von 15-60 Sekunden, mit geringer Reizintensität (keine schmerzhaften Dehnungen!) in 2 bis 3 Übungswiederholungen.

Faszientraining im Dehnungs-Verkürzungszyklus

Faszien haben eine wichtige unterstützende Funktion bei schnellkräftigen Muskelaktivitäten, die im Dehnungs-Verkürzungs-Zyklus ablaufen. Sie speichern kurzfristig kinetische Energie und geben diese ähnlich einer Feder an das System zurück. So können Energiereserven der Muskulatur eingespart werden. Man spricht in diesem Zusammenhang vom Katapulteffekt der Faszien.

Die Kombination einer exzentrischen (nachgebenden) Muskelaktivität mit einer direkt daran anschließenden konzentrischen (überwindenden) Muskelaktivität stellt ein in der Praxis oft auftretendes Bewegungsmuster dar und wird als Dehnungs-Verkürzungs-Zyklus (DVZ) bezeichnet. Beispiele dafür sind Laufen und viele Sprungformen sowie zahlreiche Würfe.

Die beiden Hauptmerkmale der Muskel- und Faszienaktivität im Dehnungs-Verkürzungs-Zyklus sind:

- Der **erhöhte Wirkungsgrad**: im Vergleich zu rein konzentrischen (überwindenden) Muskelaktivitäten wird durch die Vordehnung in der exzentrischen (nachgebenden) Phase im DVZ eine höhere Kraft in der nachfolgenden konzentrischen Phase erzeugt.

- Der **leistungspotenzierende Effekt**: durch die Speicherung kinetischer Energie sowie das Auslösen eines Muskeldehnungsreflexes in der exzentrischen Phase wird in der anschließenden konzentrischen Phase ein höherer Bewegungsimpuls erzeugt als bei rein konzentrischer Kontraktion.

Der Dehnungs-Verkürzungs-Zyklus wird nach seiner zeitlichen Dauer in einen schnellen und einen langsamen DVZ differenziert.

Schnell ablaufende DVZ sind beispielsweise der Sprint oder der Absprung bei den leichtathletischen Sprungdisziplinen. Würfe fallen mit Ihren weiten Ausholbewegungen größtenteils in den Bereich des langsamen Dehnungs-Verkürzungs-Zyklus.

Im Faszientraining wird mit federnden Ganzkörperübungen gearbeitet. Sie werden variantenreich in alle Richtungen durchgeführt und trainieren damit effektiv die langen Zugbahnen. Einleitende Gegenbewegungen führen zur Vorspannung in den Faszien.

	Schneller DVZ	**Langsamer DVZ**
Verlaufsdauer	90-200ms	bis zu 600ms
Dehnungsgeschwindigkeit	hoch	niedrig
Übergangszeit exzentrisch-konzentrisch	kurz	lang
Winkelamplitude	kurz	lang
Reaktionskräfte	höher	niedriger

Tab.: Vergleich langsamer/schneller Dehnungs-Verkürzungs-Zyklus

Abb.: dynamische Schwungübung

Faszienmassage

Ziel der Faszienmassage ist die Anregung des Stoffwechsels und damit die Flüssigkeits- und Nährstoffversorgung der Faszien samt dazugehöriger Organe. Sie unterstützt die muskuläre Regeneration indem durch den mechanischen Druck die Blutzirkulation angeregt sowie Verspannungen und Verklebungen im Bindegewebe abgebaut werden. Verklebungen und Verspannungen entstehen einerseits durch die Belastungen im Training, können andererseits aber auch durch Überlastungen oder Fehl- und Schonhaltungen und dem damit verbundenen Sauerstoffmangel verstärkt werden.

Die Hartschaumrolle kann als einfaches und kostengünstiges Hilfsmittel für eine Selbstmassage eingesetzt werden. Die regenerative Wirkung begründet sich auf der myofaszialen Entspannung. Durch Behandlung mit der Rolle werden Sehnenareale stimuliert, worauf die Muskulatur mit Entspannung reagiert. Durch die Massagewirkung wird die Durchblutung angeregt und Endprodukte des Stoffwechsels abtransportiert.

Faszien reagieren sowohl auf physischen als auch auf psychischen Stress, durch die Druckbehandlung mit der Hartschaumrolle können Entspannung und Regeneration positiv beeinflusst werden.

Die Massage mit der Hartschaumrolle kann, abhängig vom Grad der Verspannungen, zu Beginn sehr schmerzhaft sein. Die meisten Schmerzsymptome kommen aus dem Fasziengewebe. Hier sitzen die meisten Schmerzrezeptoren. Durch die mechanische Behandlung lösen sich bereits innerhalb kürzester Zeit Verspannungen und Verklebungen, das Schmerzempfinden lässt deutlich nach. Durch das Ausrollen verbessern sich Beweglichkeit und Flexibilität des Bindegewebes und durch die Entspannung stellt sich ein ausgeprägter „Wohlfühl-Effekt" ein.

Hartschaumrollen sind zylinderförmige hartgepresste Schaumstoffrollen, die es in unterschiedlichen Härten zu kaufen gibt. Alternativ und ergänzend können auch Bälle, die es ebenfalls in unterschiedlicher Härte und Konsistenz gibt, genutzt werden.

Der Athlet rollt nacheinander seine Muskelgruppen über die Rolle. Die Bewegung sollte langsam, geschmeidig und kontrolliert durchgeführt werden, durch leichte Gewichtsverlagerung kann eine große Muskelfläche erfasst werden. An verspannten und schmerzhaften Stellen wird der Druck auf die Verhärtungen punktuell verstärkt. Durch das Abstützen der Arme oder des nicht aktiven Beines kann der Druck auf die Rolle dosiert werden. Nach etwa zehn bis fünfzehn Ausrollungen lösen sich die Verhärtungen und das Schmerzempfinden lässt langsam nach.

Die Massage kann zur Muskelentspannung nach dem Sport, an einem Ruhetag, aber genau so gut als Ergänzung zum Aufwärmen eingesetzt werden.

Abb.: Faszienmassage mit der Hartschaumrolle

Trainingsdurchführung

Jedes Training sollte stets mit einem Aufwärmen beginnen, daran anschließend erfolgt der eigentliche Hauptteil, auf den das Ziel der Trainingseinheit ausgerichtet ist. Nach dem Hauptteil sollte das Abwärmen den Abschluss des Trainings bilden. Dadurch werden erste Regenerationsprozesse im Organismus eingeleitet.

Generell wird im Athletiktraining mit dem Faszientraining begonnen, im funktionellen Krafttraining werden Übungen mit hoher sensomotorischer Anforderung eher an den Anfang gestellt. Der Abschluss des Trainings kann wieder auf die Faszienbehandlung, dann zur Regenerationsunterstützung, ausgerichtet sein. Die Faszienmassage mit der Hartschaumrolle bietet hier optimale Möglichkeiten.

Aufwärmen

Das Aufwärmen vor dem eigentlichen Training ist wichtig und dient mehreren Zielen:

- physische und psychische Einstimmung auf das Training
- Erhöhung der Körperkerntemperatur um den Ablauf biochemischer Stoffwechselprozesse zu beschleunigen, die Nervenleitgeschwindigkeit zu erhöhen sowie die Durchblutung der Muskulatur anzuregen.
- Mobilisation des Herz-Kreislaufsystems um den Blutfluss in den Gefäßen zu verstärken und damit die Muskulatur besser mit Sauerstoff und Nährstoffen zu versorgen.
- Verletzungsprophylaxe durch die verbesserte Kontraktionsfähigkeit der Muskulatur und die vermehrte Produktion von Gelenkflüssigkeit.
- Mobilisation des gesamten aktiven Bewegungsapparats um die Beweglichkeit in den Gelenken zu erhöhen und die im nachfolgenden Hauptteil durchgeführten Bewegungsmuster anzubahnen.

Das klassische Aufwärmen mit der Kreislaufaktivierung durch laufen, rudern oder radeln ist etwas aus der Mode gekommen und wird dem daran anschließenden Athletikraining auch nicht ganz gerecht.

Zunächst findet eine allgemeine Kreislaufaktivierung und Mobilisierung des gesamten Organismus statt. Hier bieten sich gymnastische Übungen wie Arm- und Beinkreisen oder Seilspringen an. Durch den dynamischen Einsatz großer Muskelgruppen und weit ausladender Bewegungen findet eine umfassende allgemeine Aktivierung des Kreislaufs sowie aller Gelenke statt.

Eine anschließende Mobilisierung der großen Gelenke durch dynamische Dehn- und Schwungübungen rundet das ganze Aufwärmprogramm ab. Unterstützt werden kann das ganze Programm durch Rollungen mit der Hartschaumrolle, die im Rahmen des Aufwärmens eher mit schnelleren Bewegungen und weniger stark ausgeprägtem Druck ausfallen sollten. Schnelles Rollen über die Faszien führt zur besseren Durchblutung und hilft beim Lösen von Verklebungen in der Faszie. Übungen, die sich für die Mobilisierung im Rahmen des Aufwärmprogrammes eignen werden im nächsten Kapitel noch vorgestellt.

Hauptteil

Je nach Trainingsschwerpunkt und Zielsetzung kann nach der Mobilisierung und Aktivierung der Ablauf und die Übungsauswahl unterschiedlich gestaltet werden. Eine große Auswahl an Übungen und Trainingsprogrammen mit dem Gewichtssack folgen.

Abwärmen

Je nach Intensität und Zielsetzung des Hauptteils kann das Abwärmen eine wichtige Funktion im Rahmen der Regeneration einnehmen. Je intensiver das Hauptprogramm ausgefallen ist, desto größer die Bedeutung des Abwärmens: Das Ziel dieser Maßnahme ist zum einen eine Normalisierung der erhöhten Kreislauffunktionen und zum anderen der schnelle Abtransport von Stoffwechselprodukten sowie eine Tonussenkung der Muskulatur.

Gut geeignet ist hier wieder der Einsatz der Hartschaumrolle. Im Rahmen des Abwärmens können die Rollungen langsam, kontrolliert und geschmeidig durchgeführt werden, durch leichte Gewichtsverlagerung kann eine große Fläche erfasst werden. An verspannten und schmerzhaften Stellen wird der

Druck punktuell verstärkt.

Dehnübungen im Rahmen des Abwärmens sind nur bedingt geeignet und sollten nur locker und dynamisch durchgeführt werden. Statisches Dehnen verringert durch Kapillarkompression die Durchblutung innerhalb der Muskulatur, so dass die Sauerstoffversorgung verschlechtert wird. So haben intensive Dehnprogramme nach dem Training einen zusätzlichen belastenden Charakter auf die Muskulatur und keinesfalls den oft erhofften regenerationsfördernden Effekt.

Nach einer ersten muskulären Erholung kann auch ein statisches Dehnprogramm durchgeführt werden. Der zeitliche Abstand zum Training oder Wettkampf sollte dabei mindesten ein bis zwei Stunden betragen. Sportler berichten nach dem Dehnen auch über angenehme Empfindungen und beschreiben einen positiven Effekt auf die psychische Regeneration, so dass das Dehnen gewissermaßen auch zu den psychischen Regenerationsmaßnahmen gezählt werden kann. Eine Kombination mit anderen Entspannungstechniken, wie beispielsweise autogenes Training oder der progressiven Muskelentspannung nach Jakobsen, kann die Effekte zusätzlich verstärken.

Progressive Muskelentspannung nach Jacobson

Die Progressive Muskelentspannung nach Jacobson ist durch wissenschaftliche Studien bestens untersucht und in seinen positiven Wirkungen eines der überzeugendsten Entspannungsverfahren überhaupt. Zusätzlich hat es den großen Vorteil, dass es leicht erlern und quasi überall durchführbar ist.

Bei diesem Entspannungsverfahren, das durch das bewusste Spüren von Spannung und Entspannung einzelner Muskelgruppen gekennzeichnet ist, wird meist bereits nach den ersten Übungen ein Entspannungsempfinden wahrgenommen.

Innere Unruhe, Stress und Angst gehen mit Anspannungen der Muskulatur einher. Ein Mensch der innerlich angespannt und ängstlich ist, ist meist auch muskulär angespannt. Umgekehrt geht eine Lockerung der Muskulatur in aller Regel mit einem Ruhegefühl einher. Die Psyche wirkt auf den Körper und umgekehrt können körperliche Veränderungen auch Änderungen im psychischen Befinden hervorrufen. Diesen Zusammenhang macht sich die Progressive Muskelentspannung zunutze.

Durchführung
Nehmen Sie eine entspannte Körperposition ein. Dies kann eine sitzende Position, oder auch das Liegen in der Rückenlage sein. Lenken Sie die Aufmerksamkeit auf eine bestimmte Muskelgruppe. Diese wird dann für etwa 5 – 10 Sekunden angespannt und die auftretende Empfindung möglichst genau wahrgenommen. Die Anspannung sollte gut tun und keinesfalls übertrieben werden. In der darauffolgenden Entspannungsphase wird die Aufmerksamkeit auf die auftretende Körperempfindung gelegt. Die Entspannung sollte etwa 30 Sekunden betragen. Nacheinander werden die verschiedenen Muskelgruppen in das Training einbezogen.

Nach Bernstein und Borkovec werden insgesamt 16 Muskelgruppen in vorgegebenen Reihenfolge zunächst angespannt und anschließend wieder entspannt:

1. Muskelgruppe: Dominante Hand und Unterarm
2. Muskelgruppe: Dominanter Oberarm
3. Muskelgruppe: Nicht-dominante Hand und Unterarm
4. Muskelgruppe: Nicht-dominanter Oberarm
5. Muskelgruppe: Stirn
6. Muskelgruppe: Obere Wangenpartie und Nase
7. Muskelgruppe: Untere Wangenpartie und Kiefer
8. Muskelgruppe: Nacken und Hals
9. Muskelgruppe: Brust, Schulter und obere Rückenpartie
10. Muskelgruppe: Bauchmuskulatur
11. Muskelgruppe: Dominanter Oberschenkel
12. Muskelgruppe: Dominanter Unterschenkel

> 13. Muskelgruppe: Dominanter Fuß
> 14. Muskelgruppe: Nicht-dominanter Oberschenkel
> 15. Muskelgruppe: Nicht-dominanter Unterschenkel
> 16. Muskelgruppe: Nicht-dominanter Fuß
>
> Durch die Entspannung der Willkürmuskulatur wird auch eine gleichsinnige Wirkung auf die Gehirnaktivität und andere körperliche Funktionsbereiche ausgeübt, so dass ein genereller körperlich-psychischer Entspannungszustand erreicht wird. Unter differentieller Entspannung ist eine möglichst geringe Muskelspannung innerhalb der Muskelgruppe zu verstehen, die für die jeweilige Aktivität benötigt wird. Die durch ein längerfristiges Training erreichbare differentielle Entspannung ermöglicht einen ökonomischen Umgang mit persönlicher Energie. Dadurch lässt sich eine hohe Leistungsfähigkeit bei gleichzeitiger Vermeidung von Überforderungen erreichen. Diese Fähigkeit zur „lockeren" Leistung macht die Progressive Muskelentspannung für Sportler auch zur Erschließung von Leistungsreserven interessant.

Übungsausführung

Für optimale Trainingseffekte sind einige Hinweise und Prinzipien für die Durchführung der Übungen ganz hilfreich. Sie bilden die Grundlage und Eckpfeiler für ein effektives Athletiktraining.

Konzentration

Die permanente Aufmerksamkeit in jeder Bewegungsphase ist ein entscheidendes Kriterium für die Schulung von Koordination und Eigenwahrnehmung. Daher steht die ***Qualität der Bewegung vor der Quantität der Wiederholungszahlen!***

Rumpfstabilisierung

Die Rumpfmuskulatur bildet im Athletiktraining das Schlüsselelement aller Bewegungen. Sie ist einem Kern vergleichbar. Der Rumpf gibt dem gesamten Körper während der Übungsausführung seine Stabilität und richtet die Wirbelsäule gerade und aufrecht aus. Daher ist die Aktivierung der Körpermitte mit seiner rumpfstabilisierenden Muskulatur bei allen Übungen extrem wichtig.

Die Schlüsselstellung nimmt der quere Bauchmuskel ein: bei fast allen Bewegungen der Extremitäten ist er der erste Muskel, der zur Stabilisierung des Körpers aktiviert wird. Der Bauch sollte während der Bewegungsausführung immer unter leichter Spannung sein. Er sollte flach auf den Hüftknochen aufliegen, so als wollten Sie den Bauchnabel von einer imaginären Gürtelschnalle wegziehen. Halten Sie den Bauch straff, aber atmen Sie dabei gleichmäßig und tief weiter.

Hüftstabilisierung

Die Hüfte ist das zweite tragende Element bei die Übungsausführung. Vor allem Bewegungen in den Beinen haben hier ihren Ursprung. Aktivieren Sie bei den Übungen also neben dem Bauch vor allem auch die Gesäßmuskulatur. Mit beweglichen und stabilen Hüftgelenken können Sie Ihre Kraft in der Beinmuskulatur optimal ein- und umsetzen.

Schulterstabilisierung

Die Schultermuskulatur ist eine wichtige Komponente für Bewegungen sowie die Haltung im Oberkörper. Von der Schulter gehen die Bewegungen der Arme aus, ebenso ist sie in Verbindung mit der oberen Rücken- und Nackenmuskulatur für eine aufrechte Haltung von Rücken und Kopf mitverantwortlich. Versuchen Sie bei allen Übungen die Schulterblätter hinten zusammen zu führen und locker nach unten in Richtung Gesäß fließen zu lassen.

Atmung

Eine gleichmäßige Atmung unterstützt den Bewegungsfluss und bestimmt den Bewegungsrhythmus. Außerdem fördert ein gutes Atemmuster die Verbindung zwischen Beckenboden und Zwerchfell und gibt damit dem Rumpf zusätzliche Stabilität. Dazu wird in einer seitlichen Rippenatmung in der Phase der Muskelkontraktion -meist verbunden mit einer Rumpfaufrichtung- ein- und in der Phase der Rückbewegung -meist verbunden mit einer Rumpfbeugung- ausgeatmet. Eine Pressatmung ist unter allen Umständen zu vermeiden!

Bewegungsfluß

Der Körper ist ein zusammenhängendes Gebilde. Wir trainieren Bewegungen und nicht die Muskulatur einzelner Körperteile. Die Muskeln unterschiedlicher Körperregionen beeinflussen sich während der Übungsausführung gegenseitig. Und hier hat dann wieder der Körperkern als Stabilisator und Initiator der Bewegungen seine tragende Rolle.

Wenn Sie auf den Bewegungsfluss achten, wird das Zusammenspiel der Muskulatur gefördert und ökonomisiert sowie die Balance des Körpers verbessert. Das kommt Ihnen sowohl bei Alltagsbewegungen als auch in Ihrer Spezialsportart zu Gute.

Der Gewichtssack

Der Gewichtssack ist ein einfaches, vielseitiges und geradezu ideales Trainingsgerät für das Athletikraining. Die Ursprünge finden sich im Militär: Um sich fit zu halten verwendeten Soldaten Sandsäcke, die für Schützengräben und Befestigungen bestimmt waren, für ihr Krafttraining.

Durch die Bewegungen der Gewichtssack-Füllung während dynamischer Übungen ergibt sich ein zusätzlicher Trainingseffekt, der sich durch die destabilisierende Wirkung sehr positiv auf die Gelenkstabilisation und Sensomotorik auswirkt.

Gewichtssäcke gibt es in unterschiedlichen Ausführungen, die sich vor allem in folgenden Gesichtspunkten unterscheiden:

- *Gewicht*, gebräuchlich sind Säcke mit einem Gewicht im Bereich von 4 bis 30 Kilogramm.
- *Innenmaterial*, je nach Kompaktheit und Materialeigenschaft ergibt sich die destabilisierende Wirkung des Gewichtssacks.
- *Griffschlaufen*, je nach Anordnung und Anzahl ergeben sich unterschiedliche Trainingsmöglichkeiten, empfehlenswert (und hier im Übungskatalog verwendet) ist ein Sack mit vier bis sechs Schlaufen, der unterschiedliche Griffvarianten ermöglicht.

Grundpositionen & -griffe

Je nach Übung wird der Gewichtssack mit unterschiedlichen Griffen und Positionen verwendet. Versuchen Sie den Sack während der Übungsausführung generell nah am Körper zu halten. Der Griff sollte locker sein um die Beweglichkeit in den Unterarmen und im Handgelenk zu bewahren.

Schultergriff

Der Gewichtssack wird seitlich neben dem Kopf auf der Schulter abgelegt. Mit dem anghobenen Arm fixieren Sie ihn in dieser Position

Über-Kopf-Griff

Der Gewichtssack wird mit den mittleren Griffen über den Kopf gehoben, die Arme sind gestreckt, die Stabilisierung der Schultern ist für die Fixierung entscheidend. Ziehen Sie die Schulterblätter zusammen und lassen sie nach unten "fließen". Der Kopf befindet sich vorne in der natürlichen Verlängerung der Halswirbelsäule. Rumpf- und Hüfte sind durch leichte Muskelspannung ebenfalls stabilisiert.

Zerchergriff vor der Brust

Der Gewichtssack wird in den Armbeugen vor den Brust gehalten. Die gebeugten Unterarme halten den Sack nah am Körper, der Griff ist locker und entspannt, je nach Übung können die waagrechten oder die senkrechten Griffe genutzt werden. Der Ellenbogen sollte in einer hohen Position fixiert sein, Rumpf, Hüfte und der Schultergürtel sind stabilisiert.

Klammergriff vor der Brust

Der Gewichtssack wird am Körper vor der Brust gehalten und mit den Armen fixiert. Rumpf, Hüfte und Schultern sind stabilisiert. Dazu halten sie die Bauchmuskulatur straff und unter leichter Spannung. Der Bauch sollte flach auf dem Hüftknochen aufliegen, so als wollten sie ihn von einer imaginären Gürtelschnalle wegziehen. Der Gesäßmuskel ist aktiviert um die Hüfte zu stabilisieren, für die Schulterstabilisierung führen sie die Schulterblätter zusammen und lassen sie locker nach unten in Richtung Gesäß fließen.

Das Aufwärmen

Die Bedeutung und Funktion des Aufwärmens haben wir bereits angesprochen.

Zunächst findet eine allgemeine Kreislaufaktivierung und Mobilisierung des gesamten Organismus statt. Hier bieten sich gymnastische Übungen wie Arm- und Beinkreisen oder Seilspringen mit dem Sprungseil an. Durch den dynamischen Einsatz großer Muskelgruppen und weit ausladende Bewegungen findet eine umfassende allgemeine Aktivierung des Kreislaufs sowie aller Gelenke statt.

Die daran anschließende Mobilisierung der großen Gelenke durch dynamische Dehn- und Schwungübungen rundet das ganze Aufwärmprogramm ab. Sie dienen auch der Aktivierung der faszialen Strukturen.

Nachfolgend wird eine einfache Aufwärmroutine dargestellt, die auch in besonderem Maß die Aktivierung der Faszien berücksichtigt. Die Routine kann bei Bedarf um die eine oder andere Übung, wie zum Beispiel auch Rollungen mit der Hartschaumrolle, ergänzt werden kann.

Aufwärmroutine für das Athletiktraining

1. Beinschwingen

Aufrechter Stand, ein Bein pendelt aus der Hüfte gestreckt vor und hinter den Körper, das Standbein federt leicht mit, die Hüfte bleibt in der Bewegung aufgerichtet und stabil.

2. gekreuzter Armpendel

Hüftbreiter Stand, die gestreckten Arme pendeln vor und hinter den Körper, die Knie federn locker mit der Bewegung mit.

3. gerader Armpendel

Hüftbreiter Stand, die gestreckten Arme pendeln seitlich am Körper vorbei, die Knie federn locker mit der Bewegung mit.

4. Holzhacken

Hüftbreiter Stand, die Knie sind leicht gebeugt. Aus dieser Position den gesamten Körper nach hinten -oben strecken, in der gestreckten Position zieht das Brustbein nach vorne, die Hände verzögern mit einer Bewegung in Richtung hinten oben. Anschließend locker nach vorne fallen lassen und die dynamische Bewegung zwischen den Beinen hindurch fortsetzen. Blick, Kopf und Oberkörper folgen jeweils der Bewegung. Als Variation die Bewegung in Richtung oben-links und oben-rechts durchführen.

Aufwärmen

5. lateraler Squat

Breiter Grätschstand, die Fußspitzen zeigen nach vorne. Das Körpergewicht wird auf eine Seite verlagert, dabei das Gesäß nach hinten schieben und den Rücken gerade halten, das Gewicht ruht auf der Ferse. Jetzt den Körper wieder aufrichten und die Bewegung zur anderen Seite ausführen.

6. Stretchingvariante im Vierfüßlerstand

aus dem Vierfüßlerstand eine Hand an eine Kopfseite legen und den Körper nach oben ausrotieren.

Aufwärmen

7. abschließender Mobilisationskomplex

Aus dem Kniestand mit aufgerichteten Oberkörper und ausgestrecktem Arm zur Seite in die Dehnung ausrotieren.
Zurück zur Ausgangsposition und den Oberkörper nach vorne absenken, die Hüfte wird dabei aktiv möglichst weit nach vorne unten geschoben. Ohne die Hüftposition zu ändern wird nun die Hand neben dem vorderen Fuß angehoben und der gesamte Oberkörper dreht nach oben aus, der Blick folgt der Hand nach oben. Zurück zur Ausgangsposition und das vordere Bein durchstrecken, dabei wandert die Hüfte nach hinten, der Oberkörper bleibt nach vorne gebeugt. Anschließend zur anderen Seite wiederholen.

Übungskatalog

Im ersten Teil des Übungskatalogs widmen wir uns zunächst der Massage mit der Hartschaumrolle

Anschließend geht es im Katalog weiter mit Übungen für das Training mit dem Gewichtssack. Um eine grobe Einteilung zu geben, ist dieser Abschnitt nach den einzelnen Körperregionen gegliedert, in denen jeweils der Trainingsschwerpunkt der Übung liegt. Die Bedeutung der Rumpf-, Hüft- und Schulterstabilisierung haben wir bereits ange-sprochen. Diese Muskelpartien werden mehr oder weniger immer „mittrainiert" und sind Voraussetzung für die korrekte und optimale Bewegungsausführung!.

Übungen Faszienmassage Hartschaumrolle

Massage Waden	58
Massage hintere Oberschenkel	59
Massage Iliotibialband	59
Massage vordere Oberschenkel	60
Massage Adduktoren	60
Massage Gesäß	61
Massage Rücken	61
Massage Rumpf seitlich	62

Faszienmassage

Zur Faszienmassage rollt man nacheinander seine Muskelgruppen über die Rolle. Die Bewegung sollte langsam, geschmeidig und kontrolliert durchgeführt werden, durch leichte Gewichtsverlagerung kann eine große Muskelfläche erfasst werden. An verspannten und schmerzhaften Stellen wird der Druck auf die Verhärtung punktuell verstärkt. Durch das Abstützen der Arme oder des nicht aktiven Beines kann der Druck auf die Rolle dosiert werden. Nach etwa zehn bis fünfzehn Ausrollungen lösen sich die Verhärtungen und das Schmerzempfinden lässt langsam nach..

Die Massage kann zur Muskelentspannung nach dem Sport, an einem Ruhetag, aber genau so gut als Ergänzung zum Aufwärmen eingesetzt werden.

Nachfolgend ein Überblick über einige Übungen, die sich im Rahmen der Regeneration und psychischen Entspannung bewährt haben.

Massage Waden

Schlagen Sie die Füße übereinander und rollen mit dem unteren Bein von der Achillessehne bis zur Kniekehle.

Übungen Faszienmassage

Massage hintere Oberschenkel

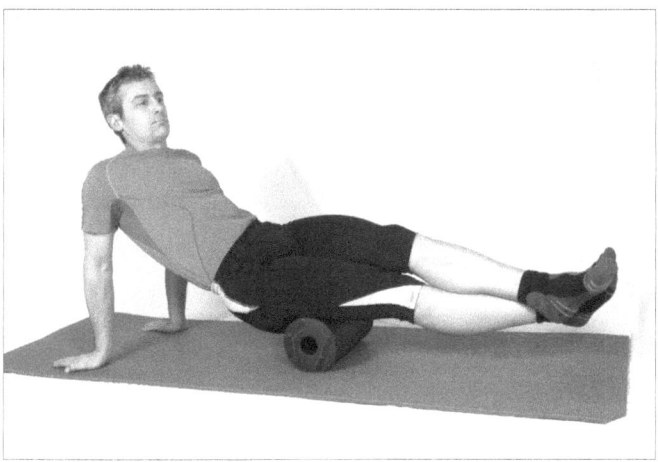

Schlagen Sie die Füße übereinander und rollen mit dem unteren Bein von der Kniekehle bis zum Gesäß.

Massage Iliotibialband

Seitlich auf der Rolle liegend, rollen Sie von der Hüfte bis zum Knie. Mit dem aufgesetzten Fuß des oberen Beines kann der Druck reguliert werden.

Massage vordere Oberschenkel

Legen Sie sich im Unterarmstütz mit den Oberschenkeln auf die Rolle und rollen vor und zurück. Wenn Sie ein Bein anheben, so kann der Druck auf das Aufliegende verstärkt werden.

Massage Adduktoren

Im Seitstütz legen Sie das obere Bein auf der Rolle ab und rollen die Innenseite des Oberschenkels vom Knie bis zum Becken.

Massage Gesäß

Auf der Rolle sitzend legen Sie einen Fuß auf dem Oberschenkel des anderen Beines ab, so dass das Körpergewicht auf die Seite des aufgestellten Beine verlagert ist. Jetzt über das Gesäß vor und zurück rollen.

Massage Rücken

Auf der Rolle liegend rollen Sie von der Schulter bis zum Steissbein, dabei den Bauch angespannt halten.

Massage Rumpf seitlich

Rollen Sie auf der Seite liegend vom unteren Rücken bis zur Achsel über die Rolle.

Übungen Ganzkörper

Umsetzen	66
"Fliegendes" Umsetzen	68
Umsetzen aus dem Ausfallschritt	70
Aufschultern	72
Aufschultern seitlich	74
Aufschultern aus dem Ausfallschritt mit Drehung	76
Burpee	78
Reissen	80
Reissen aus dem Ausfallschritt	82

Umsetzen

Trainingsziel
Effektive Ganzkörperübung für die gesamte Streckerkette von Hüfte, Rumpf und Oberkörper.

Ausgangsposition
- Gehen Sie in die Kniebeuge, den Gewichtsack halten Sie mit gestreckten Armen vor den Beinen. Achten Sie auf einen geraden Rücken.

Übungsausführung
- Aus der Kniebeuge werden Hüfte und Knie gleichzeitig explosiv gestreckt. Die Bewegung wird durch einen nach oben gerichteten Zug der Arme unterstützt. Achten Sie darauf, dass sich der Sandsack nah am Körper nach oben bewegt.
- Nachdem der Gewichtssack beschleunigt wurde geben Sie ihm mit den Händen einen Rotationsimpuls nach innen.
- Gehen Sie in eine Kniebeuge und fangen den Gewichtsack im Zerchergriff auf. Anschließend richten Sie sich aus der Kniebeuge mit geradem Rücken nach oben auf.
- Lassen Sie den Sandsack vor dem Körper wieder ab, achten Sie dabei wiederum auf einen geraden Rücken. Weiter geht es mit der nächsten Wiederholung.

Varianten
- Aus dem Zerchergriff können Sie eine schnelle Beuge-Streck-Bewegung mit den Beinen ausführen und den Sack nach oben ausstoßen. Fixieren Sie ihn über dem Kopf.

Übungen Ganzkörper

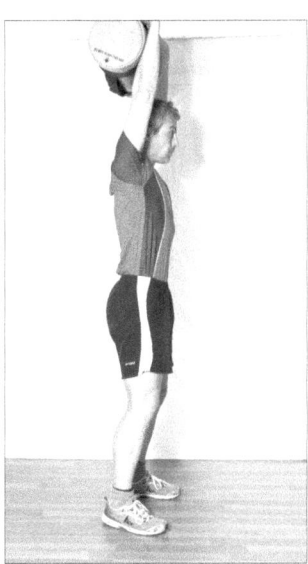

"fliegendes" Umsetzen

Trainingsziel
Ganzkörperübung für die komplette Streckerkette von Hüfte, Rumpf und Oberkörper.

Ausgangsposition
- Gehen Sie in die Kniebeuge, den Gewichtssack halten Sie mit gestreckten Armen vor den Beinen. Achten Sie auf einen geraden Rücken.

Übungsausführung
- Aus der Kniebeuge werden Hüfte und Knie gleichzeitig explosiv gestreckt. Die Bewegung wird durch einen nach oben gerichteten Zug der Arme unterstützt.
- Nachdem der Gewichtssack beschleunigt wurde lassen Sie ihn los und geben ihm beim Abwurf mit den Händen eine Rotationsimpuls nach innen.
- Gehen Sie in eine Kniebeuge und fangen den fallenden Sack mit den gebeugten Armen auf.
- Abschließend richten Sie sich aus der Kniebeuge mit geradem Rücken wieder auf.
- Lassen Sie denGewichtssack vor dem Körper wieder ab, achten Sie dabei wiederum auf einen geraden Rücken. Weiter geht es mit der nächsten Wiederholung.

Übungen Ganzkörper

Umsetzen aus dem Ausfallschritt

Trainingsziel
Ganzkörperübung für die Streckerkette von Hüfte, Rumpf und Oberkörper.

Ausgangsposition
- Gehen Sie in einen Ausfallschritt, den Gewichtssack halten Sie mit gestreckten Armen vor dem vorderen Beinen. Achten Sie auf einen geraden Rücken.

Übungsausführung
- Aus dem Ausfallschritt richten Sie sich mit aufgerichtetem Oberkörper explosiv auf. Die Bewegung wird durch einen nach oben gerichteten Zug der Arme unterstützt.
- Nachdem der Gewichtssack beschleunigt wurde geben Sie ihm mit den Händen eine Rotationsimpuls nach innen.
- Gehen Sie wieder nach unten und fangen den Sack im Zerchergriff auf. Richten Sie sich mit aufrechtem Oberkörper auf.
- Lassen Sie den Gewichtssack vor dem Körper wieder ab, achten Sie dabei wiederum auf einen geraden Rücken. Weiter geht es mit der nächsten Wiederholung.

Varianten
- Aus dem aufrechten Stand können Sie eine schnelle Beuge-Streck-Bewegung mit den Beinen ausführen und den Gewichtssack nach oben ausstoßen. Fixieren Sie ihn über dem Kopf.

Übungen Ganzkörper

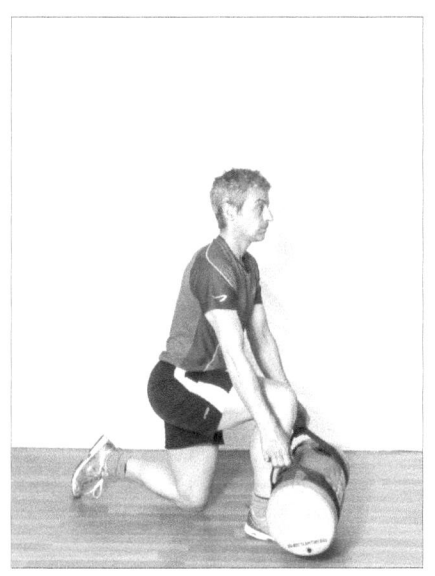

Aufschultern

Trainingsziel

Übung für die Streckerkette von Hüfte, Rumpf und Oberkörper. Durch die diagonale Bewegung werden auch die schrägen Bauchmuskeln in besonderem Maße aktiviert.

Ausgangsposition

- Gehen Sie in die Kniebeuge, den Gewichtssack halten Sie zwischen Ihren Beinen. Achten Sie auf einen geraden Rücken.

Übungsausführung

- Aus der Kniebeuge werden Hüfte und Knie gleichzeitig explosiv gestreckt. Die Bewegung wird durch einen nach oben gerichteten Zug der Arme unterstützt. Achten Sie darauf, dass sich der Sack nah am Körper nach oben bewegt.
- Heben Sie den Gewichtssack auf Ihre Schulter und stabilisieren Ihn mit dem Arm.
- Lassen Sie den Sack vor dem Körper wieder ab, achten Sie dabei auf einen geraden Rücken. Weiter geht es mit der nächsten Wiederholung zur anderen Schulterseite.

Varianten

- Sie können die die Übung auch sehr gut mit einer Kniebeuge mit dem aufgeschulterten Gewichtssack kombinieren. Achten Sie bei der Kniebeuge auf einen aufgerichteten Oberkörper und geraden Rücken. Schieben Sie das Gesäß bei der Beugung bewusst nach hinten und achten darauf, dass die Knie bei der Bewegung nicht nach innen oder außen ausweichen.

Übungen Ganzkörper

Aufschultern seitlich

Trainingsziel

Ganzkörperübung für die gesamte Streckerkette von Hüfte, Rumpf und Oberkörper. Durch die diagonale Bewegung werden auch die schrägen Bauchmuskeln in besonderem Maße aktiviert.

Ausgangsposition

- Gehen Sie in die Kniebeuge, den Gewichtssack halten Sie auf einer Seite Ihrer Beine. Achten Sie auf einen geraden Rücken.

Übungsausführung

- Aus der Kniebeuge werden Hüfte und Knie gleichzeitig explosiv gestreckt. Die Bewegung wird durch einen diagonal nach oben gerichteten Zug der Arme unterstützt. Achten Sie darauf, dass sich der Sack nah am Körper vorbei nach oben bewegt.
- Heben Sie den Gewichtssack auf Ihre diagonale Schulter und stabilisieren Ihn mit dem Arm.
- Lassen Sie den Sandsack auf der anderen Beinseite wieder ab, achten Sie dabei auf einen geraden Rücken. Weiter geht es mit der nächsten Wiederholung zur anderen Schulterseite.

Varianten

- Sie können die die Übung auch sehr gut mit einer Kniebeuge mit dem aufgeschulterten Gewichtssack kombinieren. Achten Sie bei der Kniebeuge auf einen aufgerichteten Oberkörper und geraden Rücken. Schieben Sie das Gesäß bei der Beugung bewusst nach hinten und achten darauf, dass die Knie bei der Bewegung nicht nach innen oder außen ausweichen.

Übungen Ganzkörper

Aufschultern aus dem Ausfallschritt mit Drehung

Trainingsziel
Übung für die Streckerkette von Hüfte, Rumpf und Oberkörper. Durch die diagonale Bewegung werden auch die schrägen Bauchmuskeln in besonderem Maße aktiviert.

Ausgangsposition
- Gehen Sie in einen Ausfallschritt, den Gewichtssack halten Sie mit gestreckten Armen vor dem vorderen Beinen. Achten Sie auf einen geraden Rücken.

Übungsausführung
- Aus dem Ausfallschritt werden Hüfte und Knie gleichzeitig explosiv gestreckt. Die Bewegung wird durch einen nach oben gerichteten Zug der Arme unterstützt, der gesamte Körper dreht mit der Bewegung über die Fußballen nach vorne.
- Während des Aufrichtens lösen Sie die vordere Hand vom Griff und bringen den Gewichtssack auf die diagonale Schulter.
- Lassen Sie den Sack auf dem umgekehrten Weg wieder ab, achten Sie dabei auf einen geraden Rücken. Weiter geht es mit der nächsten Wiederholung.

Varianten
- Sie können die die Übung auch sehr gut mit einer Kniebeuge mit dem aufgeschulterten Gewichtssack kombinieren. Achten Sie bei der Kniebeuge auf einen aufgerichteten Oberkörper und geraden Rücken. Schieben Sie das Gesäß bei der Beugung bewusst nach hinten und achten darauf, dass die Knie bei der Bewegung nicht nach innen oder außen ausweichen.

Übungen Ganzkörper

77

Burpee

Trainingsziel
Effektive und sehr intensive Ganzkörperübung für die komplette Muskulatur von Hüfte, Rumpf und Oberkörper.

Ausgangsposition
- Gehen Sie in die Knie nach unten, den Gewichtssack legen Sie unmittelbar vor sich auf den Boden und halten ihn an den oberen Griffen.

Übungsausführung
- Springen Sie mit den Beinen explosiv nach hinten und stabilisieren die Position. Führen Sie eine Liegestütz durch.
- Anschließend springen Sie wieder zurück in die Hockposition.
- Jetzt werden Hüfte und Knie gleichzeitig explosiv gestreckt. Die Bewegung wird durch einen nach oben gerichteten Zug der Arme unterstützt. Achten Sie darauf, dass sich der Sack nah am Körper nach oben bewegt.
- Nachdem der Gewichtssack beschleunigt wurde geben Sie ihm mit den Händen eine Rotationsimpuls nach innen.
- Gehen Sie in eine Kniebeuge und fangen den Sack im Zerchergriff auf. Anschließend richten Sie sich mit geradem Rücken nach oben auf.
- Lassen Sie den Gewichtssack vor dem Körper wieder ab. Weiter geht es mit der nächsten Wiederholung.

Varianten
- Aus dem aufrechten Stand können Sie eine schnelle Beuge-Streck-Bewegung mit den Beinen ausführen und den Gewichtssack nach oben ausstoßen. Fixieren Sie ihn über dem Kopf.

Übungen Ganzkörper

Reissen

Trainingsziel
Ganzkörperübung für die komplette Streckerkette von Hüfte, Rumpf und Oberkörper mit hohen Anforderungen an die Ganzkörperstabilisation in der Endposition.

Ausgangsposition
- Gehen Sie in die Kniebeuge, den Gewichtssack halten Sie mit gestreckten Armen vor den Beinen. Achten Sie auf einen geraden Rücken.

Übungsausführung
- Aus der Kniebeuge werden Hüfte und Knie gleichzeitig explosiv gestreckt. Die Bewegung wird durch einen nach oben gerichteten Zug der Arme unterstützt. Achten Sie darauf, dass sich der Gewichtssack nah am Körper nach oben bewegt.
- Nachdem der Sack beschleunigt wurde geben Sie ihm mit den Händen einen Rotationsimpuls nach innen.
- Gehen Sie in eine Kniebeuge und fangen den Gewichtssack mit ausgestreckten Armen über dem Kopf auf.
- Lassen Sie den Gewichtssack vor dem Körper wieder ab, achten Sie dabei wiederum auf einen geraden Rücken. Weiter geht es mit der nächsten

Variante
- Sie können die die Übung auch sehr gut mit einer Kniebeuge mit dem Sack Überkopf kombinieren. Achten Sie bei der Kniebeuge auf einen aufgerichteten Oberkörper und geraden Rücken. Schieben Sie das Gesäß bei der Beugung bewusst nach hinten und achten darauf, dass die Knie bei der Bewegung nicht nach innen oder außen ausweichen.

Übungen Ganzkörper

Reissen aus dem Ausfallschritt

Trainingsziel
Ganzkörperübung für die komplette Streckerkette von Hüfte, Rumpf und Oberkörper mit hohen Anforderungen an die Ganzkörperstabilisation in der Endposition.

Ausgangsposition
- Gehen Sie in den Ausfallschritt, den Gewichtssack halten Sie mit gestreckten Armen vor dem vorderen gebeugten Bein. Achten Sie auf einen geraden Rücken.

Übungsausführung
- Aus der Ausgangsposition werden Hüfte und Knie gleichzeitig explosiv gestreckt. Die Bewegung wird durch einen nach oben gerichteten Zug der Arme unterstützt. Achten Sie darauf, dass sich der Sack nah am Körper nach oben bewegt.
- Nachdem der Gewichtssack beschleunigt wurde geben Sie ihm mit den Händen eine Rotationsimpuls nach innen.
- Gehen Sie wieder etwas in die Knie und fangen den Sack mit ausgestreckten Armen über dem Kopf auf.
- Lassen Sie den Gewichtssack vor dem Körper wieder ab, achten Sie dabei wiederum auf einen geraden Rücken. Weiter geht es mit der nächsten Wiederholung.

Variante
- Sie können die die Übung auch sehr gut mit einer Ausfallschritt-Kniebeuge mit dem Gewichtssack Überkopf kombinieren. Achten Sie auf einen aufgerichteten Oberkörper und geraden Rücken.

Übungen Ganzkörper

Übungen Schwünge

Pendel	86
einarmiges Schwingen	88
Holzhacker	90
Holzhacker "reverse"	92
Schwung in die Kniebeuge	94

Pendel

Trainingsziel

Dynamische Übung für die Muskulatur und Faszien von Hüfte, Rumpf und Oberkörper. Durch die schwingende Ausführung werden vor allem die schräge Bauchmuskulatur sowie die diagonalen spiralen Faszienzuglinien trainiert. Achten Sie während der Ausführung auf einen stabilen angespannten Rumpf.

Ausgangsposition

- Gehen Sie in einen aufrechten Stand und halten den Gewichtssack an den Obergriffen mit beiden Händen direkt vor dem Körper.

Übungsausführung

- Lassen Sie den Sack wie ein Pendel vor dem Körper hin und her schwingen.
- Unterstützen Sie die Bewegung durch eine Hüftstreckung und den Abdruck aus den Fußballen. Die Beine drehen dabei auf den Ballen mit der Bewegung mit.

Übungen Schwünge

einarmiges Schwingen

Trainingsziel
Ganzkörperübung für die komplette Streckerkette von Hüfte, Rumpf und Oberkörper. Durch die schwingende und einarmige Ausführung werden auch effektiv die rückwertige und spiralen Faszienzuglinien trainiert.

Ausgangsposition
- Gehen Sie in einen aufrechten Stand und halten den Gewichtssack am oberen Griff mit einer Hand direkt vor dem Körper.
- Achten Sie während der gesamten Übung auf einen angespannten Rumpf und geraden Rücken.

Übungsausführung
- Indem Sie den Sack mit geradem Rücken und leicht gebeugten Knien zwischen den Beinen nach hinten schwingen holen Sie Schwung.
- Strecken Sie die Hüfte, richten den Oberkörper auf und unterstützen den Schwung des Gewichtssacks mit dem Arm.
- Nachdem der Sack wieder nach unten fällt, schwingen Sie ihn erneut zwischen Beinen nach hinten und führen die nächste Wiederholung durch.

Übungen Schwünge

Hozhacker

Trainingsziel

Dynamische Ganzkörperübung für die komplette Streckerkette von Hüfte, Rumpf und Oberkörper. Durch die schwingende und seitliche Ausführung werden effektiv die rückwertige und spirale Faszienzuglinien trainiert.

Ausgangsposition

- Gehen Sie in einen aufrechten Stand und halten den Gewichtssack an den beiden oberen Griffen mit beiden Händen über dem Kopf.
- Achten Sie während der gesamten Übung auf einen angespannten Rumpf und geraden Rücken.

Übungsausführung

- Starten Sie in eine abwärtsgerichtete Rotationsbewegung. Indem Sie über einen Fußballen zur Seite drehen, lassen Sie den Gewichtssack nah am Körper über eine diagonale Flugbahn nach unten schwingen.
- Der Oberkörper dreht mit der Bewegung zur Seite mit. Nutzen Sie die Vorspannung im gesamten Körper und beschleunigen den Sack wieder zurück bis zur Ausgangsposition.
- Weiter geht es mit der nächsten Wiederholung.

Übungen Schwünge

Hozhacker "reverse"

Trainingsziel
Übung für die Streckerkette von Hüfte, Rumpf und Oberkörper. Durch die schwingende und seitliche Ausführung werden vor allem die rückwertige und spirale Faszienzuglinien trainiert..

Ausgangsposition
* Gehen Sie in einen aufrechten Stand und halten den Gewichtssack an den beiden oberen Griffen neben dem Körper.
* Achten Sie während der gesamten Übung auf einen angespannten Rumpf und geraden Rücken.

Übungsausführung
* Starten Sie mit einer explosiven Hüftstreckung inklusive Rotationsbewegung zur diagonalen Seite, die Arme unterstützen die Bewegung. Der Gewichtssack schwingt nah am Körper über eine diagonale Flugbahn nach oben.
* Der Oberkörper dreht mit der Bewegung zur Seite mit.
* Kehren Sie auf der selben Bewegungsbahn zur Ausgangsposition zurück. Nutzen Sie den Zug des Sacks aus um die nächste Wiederholung aus der Vorspannung zu starten.

Übungen Schwünge

93

Schwung in die Kniebeuge

Trainingsziel
Dynamische Übung für die gesamte Streckerkette von Beine, Hüfte, Rumpf und Oberkörper. Durch die schwingende und seitliche Ausführung werden auch effektiv vor allem die rückwertige und spirale Faszienzuglinien trainiert.

Ausgangsposition
- Gehen Sie in einen aufrechten Stand und halten den Gewichtssack mit einer Hand direkt vor dem Körper.

Übungsausführung
- Holen Sie Schwung indem Sie den Sack mit geradem Rücken und leicht gebeugten Knien zwischen den Beinen nach hinten schwingen.
- Strecken Sie die Hüfte explosiv und unterstützen den Schwung des Gewichtssacks mit dem Arm.
- Nachdem der Gewichtssack beschleunigt wurde geben Sie ihm mit den Händen eine Rotationsimpuls nach innen.
- Gehen Sie in eine Kniebeuge und fangen den Gewichtssack auf der Schulter auf. Achten Sie auf eine ausgeprägte Körperspannung und einen geraden und aufgerichteten Rücken. Anschließend richten Sie sich aus der Kniebeuge mit geradem Rücken nach oben auf.
- Schwingen Sie den Sack vor dem Körper wieder ab, achten Sie dabei wiederum auf einen geraden Rücken. Der Sack schwingt wieder zwischen den Beinen nach hinten, weiter geht es ohne Unterbrechung mit der nächsten Wiederholung.

Übungen Schwünge

Übungen Beine

Kniebeuge im Klammergriff	98
Ausfallschritt	100
Laterale Kniebeuge Zerchergriff / Überkopf	102
Hüftbrücke	104

Kniebeuge im Klammergriff

Trainingsziel
Übung für Hüfte und Beine. Außerdem werden vor allem bei den Varianten auch die Rumpfmuskeln effektiv mittrainiert.

Ausgangsposition
- Der Gewichtssack wird am Körper vor der Brust gehalten und mit den Armen fixiert, der Oberkörper ist aufrecht, der Rumpf während der gesamten Bewegungsausführung angespannt.

Übungsausführung
- Gehen Sie nach unten in eine Kniebeuge. Während der Übungsausführung ist der Oberkörper aufrecht, der Rücken gerade. Schieben Sie das Gesäß bei der Beugung bewusst nach hinten und achten darauf, dass die Knie bei der Bewegung nicht nach innen oder außen ausweichen.
- Strecken Sie Beine und Hüfte und richten sich wieder ganz auf. Weiter geht es mit der nächsten Wiederholung.

Variante
- Sie können den Gewichtssack zur Kniebeuge in unterschiedlicher Position halten, in der Position Überkopf wird der Schultergürtel zusätzlich aktiviert, bei der Ausführung mit der einseitigen Schulterung werden auch die schrägen Bauchmuskeln als Stabilisatoren verstärkt mittrainiert.

Übungen Beine

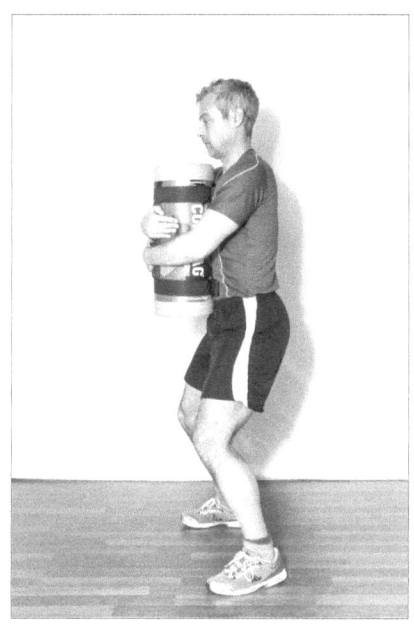

Ausfallschritt im Zerchergriff

Trainingsziel
Effektive Ganzkörperübung für die gesamte Muskulatur von Hüfte, Beine und Rumpf. Bei der Variante Überkopf werden die Schulterstabilisatoren, hier vor allem die Außenrotatoren, der Trapez-, Rauten- sowie Deltamuskel, effektiv mittrainiert.

Ausgangsposition
- Gehen Sie in einen aufrechten Stand, den Gewichtssack halten Sie im Zerchergriff vor dem Körper. Achten Sie auf einen aufrechten Oberkörper und geraden Rücken.

Übungsausführung
- Machen Sie einen Schritt nach vorne und gehen mit aufgerichtetem Oberkörper gerade nach unten, so dass das hintere Knie den Boden leicht berührt.
- Richten Sie sich wieder gerade nach oben auf und drücken sich vom hinteren Bein ab, machen Sie einen weiten Schritt nach vorne und wiederholen die Bewegung auf der anderen Seite.

Variante
- Der Ausfallschritt kann sehr gut mit einer Rotationsbewegung des Oberkörpers kombiniert werden, so dass die gesamte Bauchmuskulatur sowie auch die Faszien sehr effektiv trainiert werden. Auch zur Schulung der Sensomotorik eignet sich diese Variante hervorragend.
- Für diese Variante drehen Sie den Oberkörper im Ausfallschritt in Richtung des vorderen gebeugten Beines.
- Weitere Varianten sind die Durchführung des Ausfallschrittes mit geschultertem Sack oder Überkopf, jeweils mit oder ohne Oberkörperrotation.

Übungen Beine

Laterale Kniebeuge im Zerchergriff / Überkopf

Trainingsziel

Übung für die Streckerkette von Hüfte und Beine. Durch die seitliche Ausführung werden in besonderem Maße auch Adduktoren sowie die Gesäßmuskulatur trainiert.

Ausgangsposition

- Gehen Sie in einen aufrechten Stand, den Gewichtssack halten Sie im Zerchergriff vor dem Körper. Achten Sie auf einen geraden Rücken.

Übungsausführung

- Machen Sie mit einem Bein einen Schritt zur Seite und gehen nach unten in eine Kniebeuge. Während der Übungsausführung ist der Oberkörper aufrecht, der Rücken gerade. Schieben Sie das Gesäß bei der Beugung bewusst nach hinten und achten darauf, dass die Knie bei der Bewegung nicht nach innen oder außen ausweichen.
- Strecken Sie Ihre Beine und Hüfte und richten sich wieder ganz auf. Gehen Sie wieder zurück in die Ausgangsposition mit schulterbreiter Schrittstellung und machen die nächste Wiederholung zur anderen Seite.

Variante

- Sie können den Sack in unterschiedlicher Position halten. In der Position Überkopf werden die Schulterstabilisatoren, hier vor allem die Außenrotatoren, der Trapez-, Rauten- sowie Deltamuskel, effektiv trainiert. Auch die Beanspruchung für die Rumpfmuskulatur steigt.

Übungen Beine

Hüftbrücke

Trainingsziel
Kräftigung der Hüftstreckermuskulatur, insbesonders die Gesäß- und hintere Oberschenkelmuskulatur werden trainiert.

Ausgangsposition
- Legen Sie sich in Rückenlage auf den Boden, die Beine beugen Sie im Kniegelenk an und stellen die Füße auf den Gewichtssack. Die Hände liegen seitlich neben dem Körper.

Übungsausführung
- Heben Sie die Hüfte an, je mehr Sie dabei mit der Ferse in Richtung Oberkörper „ziehen" und mit den Knien nach vorne „schieben", desto mehr wird die hintere Oberschenkelmuskulatur bei der Bewegung beteiligt.

Variante
- Um die Übung zu erschweren können Sie ein Bein nach oben anheben, achten Sie darauf, dass die Hüfte gerade und gestreckt bleibt.
- Als weitere erschwerende Variante können Sie die Hände vom Boden lösen und die Arme nach oben ausstrecken. Dadurch wird die Rumpfmuskulatur verstärkt mittrainiert.

Übungen Beine

Übungen Oberkörper

Liegestütz	108
Liegestütz asymetrisch / wandernd	110
Liegestütz plyometrisch	112
Trizepsdrücken	114
Schulterdrücken alternierend	116
Rudern aufrecht	118
Rudern vorgebeugt	120

Übungen Oberkörper

Liegestütz

Trainingsziel
Übung für den Oberkörper, trainiert werden vor allem Brust-, Schulter- sowie Trizepsmuskulatur, die Bauchmuskeln werden statisch trainiert.

Ausgangsposition
- Gehen Sie in eine Liegestützposition, die Arme sind schulterbreit auseinander, mit den Händen stützen Sie sich auf dem Gewichtssack ab. Die Schultern befinden sich senkrecht über den Händen. Ziehen Sie den Bauchnabel leicht nach innen und halten während der gesamten Bewegungsausführung eine ausgeprägte Rumpfspannung mit geradem Rücken.

Übungsausführung
- Beugen Sie die Arme und senken dabei den Körper langsam und kontrolliert so weit ab, bis die Brust den Sandsack berührt.
- Anschließend drücken Sie sich wieder nach oben und führen die nächste Wiederholung durch.

Übungen Oberkörper

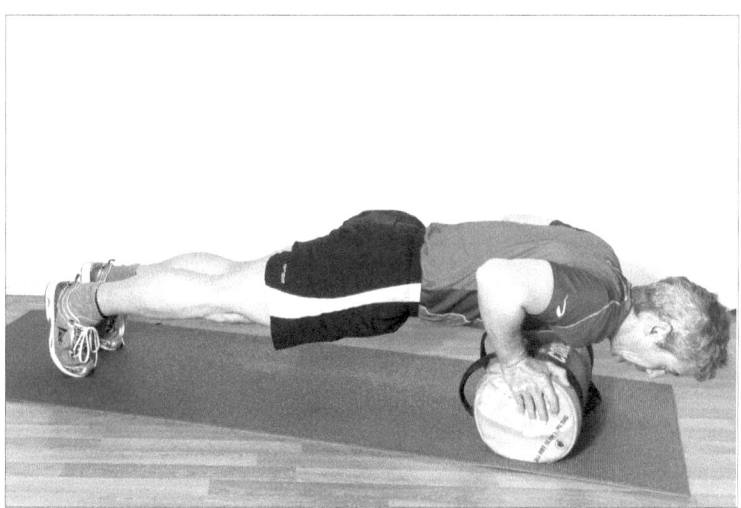

Liegestütz asymetrisch / "wandernd"

Trainingsziel
Übung für den Oberkörper, trainiert werden vor allem Brust-, Schulter- sowie Trizepsmuskulatur, die Bauchmuskeln werden statisch trainiert.

Ausgangsposition
- Gehen Sie in eine Liegestützposition, die Arme sind schulterbreit auseinander. Eine Hand stützt sich auf dem Gewichtssack ab, die andere seitlich daneben. Die Schultern befinden sich senkrecht über den Händen. Ziehen Sie den Bauchnabel leicht nach innen und halten während der gesamten Bewegungsausführung eine ausgeprägte Rumpfspannung mit geradem Rücken.

Übungsausführung
- Beugen Sie die Arme und senken dabei den Körper langsam und kontrolliert so weit ab, bis sich die Brust auf Höhe des Gewichtssack befindet.
- Anschließend drücken Sie sich wieder nach oben und führen die nächste Wiederholung durch.

Varianten
- Sie können die Übung dahingehend variieren, dass Sie nach dem hochdrücken mit dem äußeren Arm den anderen überkreuzen, zur anderen Seit „wandern" und dort die nächste Wiederholung durchführen.

Übungen Oberkörper

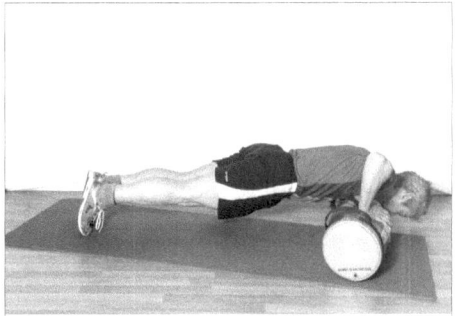

Liegestütz plyometrisch

Trainingsziel
Dynamische Übung für den Oberkörper, trainiert wird vor allem die Schnellkraft in Brust-, Schulter- sowie Trizepsmuskulatur, die Rumpfmuskeln werden statisch trainiert.

Ausgangsposition
- Gehen Sie in eine Liegestützposition, die Arme sind schulterbreit auseinander, mit den Händen stützen Sie sich auf dem Gewichtssack ab. Die Schultern befinden sich senkrecht über den Händen. Ziehen Sie den Bauchnabel leicht nach innen und halten während der gesamten Bewegungsausführung eine ausgeprägte Rumpfspannung mit geradem Rücken.

Übungsausführung
- Beugen Sie die Arme und senken dabei den Körper langsam und kontrolliert so weit ab, bis sich die Brust auf Höhe des Gewichtssack befindet.
- Anschließend drücken Sie sich explosiv nach oben, so dass Ihre Hände vom Sack abheben.
- Fangen Sie die Bewegung wieder im Stütz ab, stabilisieren kurz Ihre Position und führen die nächste Wiederholung durch.

Varianten
- Sie können die Übung dahingehend variieren, dass Sie den Gewichtssack an den Griffen halten und ihn beim hochdrücken mit vom Boden wegziehen. Dadurch wir die Übung wesentlich anspruchsvoller, sowohl abdrücken, als auch die anschließende Körperstabilisierung sind deutlich erschwert.

Übungen Oberkörper

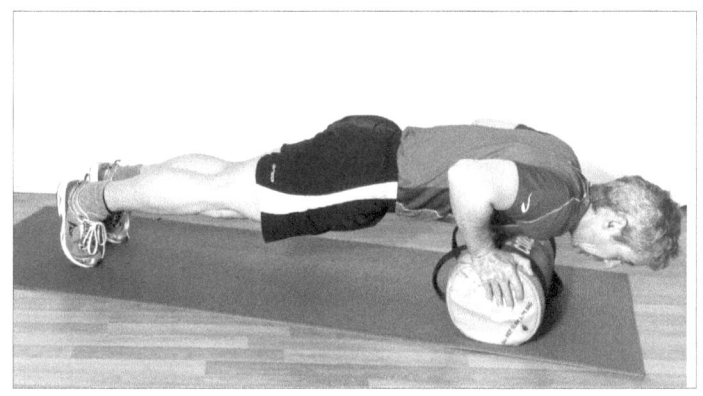

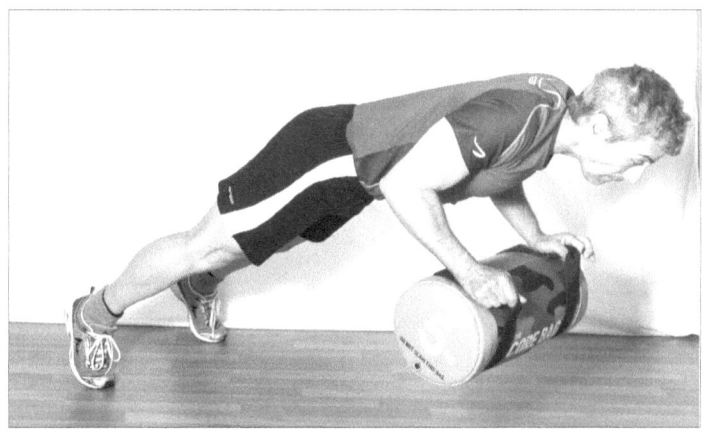

Trizepsdrücken

Trainingsziel

Training der Armstrecker. Die Rumpfmuskulatur arbeitet statisch und stabilisiert den aufrechten Oberkörper.

Ausgangsposition

- Gehen Sie in einen hüftbreiten aufrechten Stand. Ziehen Sie den Bauchnabel leicht nach innen und halten während der gesamten Bewegungsausführung eine ausgeprägte Rumpfspannung mit geradem Rücken. Den Gewichtssack halten Sie an den mittleren Schlaufen mit ausgestreckten Armen über dem Kopf.

Übungsausführung

- Beugen Sie die Arme im Ellenbogen und lassen den Sack hinter dem Kopf ab. Achten Sie darauf, dass die Oberarme in ihrer Position neben dem Kopf senkrecht fixiert bleiben.
- Anschließend strecken Sie die Ellenbogen wieder und bringen den Gewichtssack zurück in die Ausgangsposition.

Übungen Oberkörper

 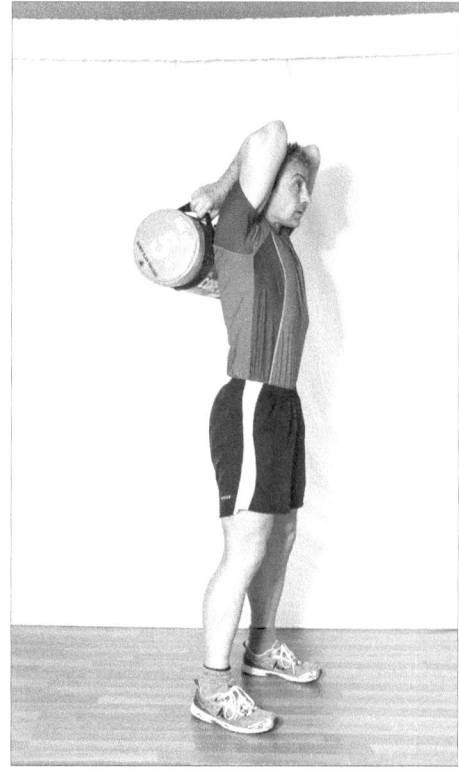

115

Schulterdrücken alternierend

Trainingsziel

Training für die Schultermuskulatur. Außerdem ist der Armstrecker (Trizeps) bei der Bewegung beteiligt. Die Rumpfmuskulatur arbeitet statisch und stabilisiert den aufrechten Oberkörper.

Ausgangsposition

- Gehen Sie in einen hüftbreiten aufrechten Stand Ziehen Sie den Bauchnabel leicht nach innen und halten während der gesamten Bewegungsausführung eine ausgeprägte Rumpfspannung mit geradem Rücken. Den Gewichtssack halten Sie neben dem Kopf.

Übungsausführung

- Heben Sie den Sack nach oben an, führen ihn über den Kopf zur anderen Seite und lassen ihn wieder zur Schulter ab.
- Anschließend wiederholen Sie die Bewegung zurück zur anderen Seite.

Übungen Oberkörper

Rudern aufrecht

Trainingsziel

Training des Trapezmuskels und des Bizeps. Die Rumpfmuskuskulatur übernimmt eine stabilisierende Funktion und wird ebenfalls trainiert.

Ausgangsposition

- Gehen Sie in einen hüftbreiten aufrechten Stand Ziehen Sie den Bauchnabel leicht nach innen und halten während der gesamten Bewegungsausführung eine ausgeprägte Rumpfspannung mit geradem Rücken. Den Gewichtssack halten Sie mit ausgestreckten Armen vor dem Körper.

Übungsausführung

- Heben Sie den Sack am Körper entlang nach oben an. Mit der Bewegung bringen Sie die Ellenbogen ebenfalls nach oben und führen die Schulterblätter hinten zusammen. Die Handgelenke bleiben während der Bewegung locker und entspannt, die Ellenbogen zeigen am Bewegungsende nach oben.

Übungen Oberkörper

Rudern vorgebeugt

Trainingsziel
Training der hinteren Anteile der Schulter, der Rückenmuskulatur und des Bizeps. Die Rumpfmuskuskulatur übernimmt eine stabilisierende Funktion und wird ebenfalls effektiv trainiert.

Ausgangsposition
- Gehen Sie in einen hüftbreiten Stand, die Beine beugen Sie leicht an, den Oberkörper neigen Sie mit etwa 45° nach vorne. Ziehen Sie den Bauchnabel leicht nach innen und halten während der gesamten Bewegungsausführung eine ausgeprägte Rumpfspannung mit geradem Rücken. Den Gewichtssack halten Sie mit ausgestreckten Armen vor dem Körper.

Übungsausführung
- Heben Sie den Sack gerade nach oben an. Mit der Bewegung bringen Sie die Ellenbogen nah am Oberkörper nach hinten und führen die Schulterblätter hinten zusammen. Die Rumpfvorneigung wird während der kompletten Bewegungsausführung beibehalten.

Übungen Oberkörper

Übungen Rumpf

Seitbeugen Überkopf	124
Crunch	126
Abrollen auf dem Sandsack	128
Brett	130
Brett mit Rotation	132
Bergsteiger	134
Seitstütz	136
Hürdenschritt	138
Durchzieher	140

Seitbeugen Überkopf

Trainingsziel
- Effektive Übung sowohl für die komplette rumpf- als auch schulterstabilisierende Muskulatur. Durch die Positionierung des Gewichtssack Überkopf werden die Schulterstabilisatoren, hier vor allem die Außenrotatoren, der Trapez-, Rauten- sowie Deltamuskel, effektiv trainiert.

Ausgangsposition
- Gehen Sie in einen schulterbreiten aufrechten Stand, die Beine sind leicht angebeugt, so dass sie eine stabile Position haben. Den Gewichtssack halten Sie mit ausgestreckten Armen über dem Kopf, die Schulterblätter ziehen Sie bewusst zusammen und lassen sie „nach unten fliessen". So ist die Schulter in einer leichten Auswärtsrotation fest fixiert. Ziehen Sie den Bauchnabel leicht nach innen und halten während der gesamten Bewegungsausführung eine ausgeprägte Rumpfspannung mit geradem Rücken.

Übungsausführung
- Neigen Sie den Oberkörper mit einer kontrollierten Bewegung zur Seite, die Hüfte bleibt dabei stabil in ihrer Position.
- Richten Sie sich wieder auf und führen die Bewegung zur anderen Seite aus.

Übungen Rumpf

Crunch

Trainingsziel
Training der geraden Bauchmuskulatur.

Ausgangsposition
- Legen Sie sich in der Rückenlage auf den Boden, die Beine beugen Sie an. Ziehen Sie den Bauchnabel leicht nach innen und halten während der gesamten Bewegungsausführung eine ausgeprägte Rumpfspannung. Den Gewichtssack halten Sie mit gestreckten Armen nach oben.

Übungsausführung
- Mit dem Ausatmen heben Sie Kopf und Oberkörper an. Machen Sie ein "Doppelkinn" und ziehen den Bauch nach innen. Führen Sie den Gewichtssack mit der Bewegung nach vorne und legen ihn auf den Unterschenkeln ab.
- Rollen Sie den Oberkörper wieder nach hinten ab, die Arme bleiben dabei ausgestreckt, der Sack bleibt auf den Unterschenkeln liegen.
- Anschließend heben Sie den Oberkörper wieder an, die Arme greifen den Gewichtssack.
- Zurück geht es samt Sack in die Ausgangsposition, weiter geht es mit der nächsten Wiederholung.

Varianten
- Indem man den Gewichtssack weiter nach hinten führt und hinter dem Kopf ablegt, kann man die Intensität der Übung zusätzlich steigern.

Übungen Rumpf

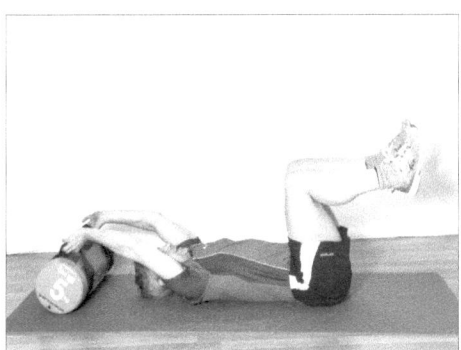

Abrollen auf dem Sandsack

Trainingsziel
- Kräftigung der geraden Bauchmuskulatur, durch die labile Lage auf dem Gewichtssack steigen die sensomotorischen Anforderungen und die schräge Bauchmuskulatur wird zusätzlich zur Stabilisierung des Rumpfes in die Bewegung einbezogen.

Ausgangsposition
- Setzen Sie sich aufrecht an das Ende des Sack, die Arme strecken Sie mit nach oben gerichteten Handflächen nach vorne, der Schultergürtel ist locker und entspannt.

Übungsausführung
- Mit dem Einatmen ziehen Sie den Bauchnabel nach innen und rollen den Oberkörper langsam nach hinten ab, die Arme bleiben dabei waagrecht nach vorne ausgestreckt.
- Der Rücken berührt den Sack kurz, anschließend kehren Sie mit dem Ausatmen die Bewegung um und richten sich wieder nach oben auf.

Varianten
- Sie können die Position der Arme variieren. Indem Sie sie während der Bewegung nach oben ausstrecken erhöhen sich sowohl die sensomotorischen als auch die muskulären Anforderungen.

Übungen Rumpf

Brett

Trainingsziel

Effektive Übung für die statischen Rumpfstabilisation, zusätzlich wird auch der Oberkörper, vor allem Brust- Schulter- und Trizepsmuskulatur, mittrainiert. Bei den Varianten steigen die Anforderung für die Rumpfstabilisation, es wird verstärkt die schräge Bauchmuskulatur trainiert.

Ausgangsposition

- Gehen Sie in eine Liegestützposition, die Arme sind schulterbreit auseinander, mit den Unterarmen stützen Sie sich auf dem Gewichtssack ab. Die Schultern befinden sich senkrecht über den Ellenbogen. Ziehen Sie den Bauchnabel leicht nach innen und halten während der gesamten Bewegungsausführung eine ausgeprägte Rumpfspannung mit geradem Rücken.

Übungsausführung

- Halten Sie die Körperposition. Achten Sie während der gesamten Übung auf eine ausgeprägte Körperspannung mit geradem Rücken.

Varianten

- Um die Übung zu erschweren heben Sie abwechselnd einen Fuß vom Boden und halten die Position für ein paar Sekunden.
- Eine weitere Variation besteht darin, dass Sie abwechselnd einen Arm vom Gewichtssack abheben, nach vorne strecken und die Position für ein paar Sekunden halten.
- Eine weitere zusätzliche Variante besteht in der Kombination der beiden vorherigen, heben Sie gleichzeitig einen Fuß und den diagonalen Arm und halten die Position für ein paar Sekunden.

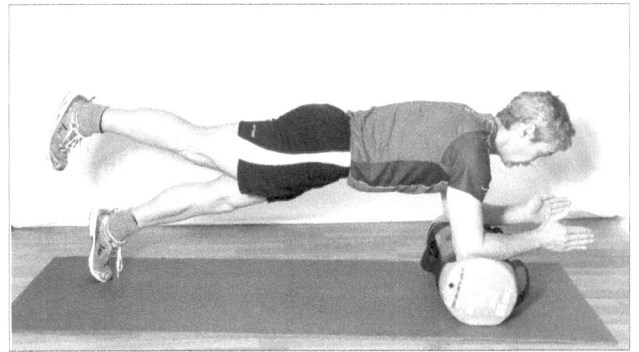

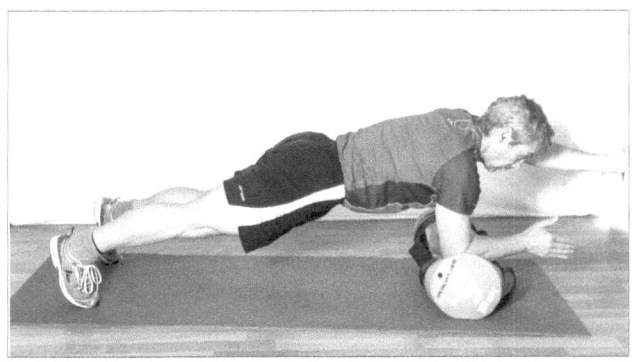

Brett mit Rotation

Trainingsziel

Effektive Übung zur Rumpfstabilisation, zusätzlich wird auch der Oberkörper, vor allem Brust- Schulter- und Trizepsmuskulatur, mittrainiert. Durch die Drehung in den Seitstütz steigen die Anforderungen vor allem für die schräge Bauchmuskulatur und die Stabilisierung der gestreckten Körperposition.

Ausgangsposition

- Gehen Sie in eine Liegestützposition, die Arme sind schulterbreit auseinander, mit den Unterarmen stützen Sie sich auf dem Gewichtssack ab. Die Schultern befinden sich senkrecht über den Ellenbogen. Ziehen Sie den Bauchnabel leicht nach innen und halten während der gesamten Bewegungsausführung eine ausgeprägte Rumpfspannung mit geradem Rücken..

Übungsausführung

- Aus dem Stütz heben Sie einen Arm und drehen über die Fußballen in den Seitstütz. Achten Sie während der Drehung auf eine ausgeprägte Körperspannung mit geradem Rücken.

Übungen Rumpf

Bergsteiger

Trainingsziel

Übung zur dynamischen Rumpfstabilisation, zusätzlich wird auch der Oberkörper, vor allem Brust- Schulter- und Trizepsmuskulatur, mittrainiert. Bei den beiden Varianten steigen die Anforderungen vor allem für die schräge Bauchmuskulatur und die Stabilisierung der gestreckten Körperposition.

Ausgangsposition

- Gehen Sie in eine Liegestützposition, die Arme sind schulterbreit auseinander, mit den Händen stützen Sie sich auf dem Gewichtssack ab. Die Schultern befinden sich senkrecht über den Händen. Ziehen Sie den Bauchnabel leicht nach innen und halten während der gesamten Bewegungsausführung eine ausgeprägte Rumpfspannung mit geradem Rücken..

Übungsausführung

- Heben Sie einen Fuß vom Boden ab und führen ihn so weit wie möglich gerade nach vorne.
- Anschließend strecken Sie das Bein wieder nach hinten und führen die nächste Wiederholung mit der anderen Seite aus.

Varianten

- Sie können die Übung dadurch erschweren, dass Sie das Knie seitlich nach außen führen und damit den Ellenbogen der selben Seite kurz berühren.
- Eine weitere Variante bestehlt darin, dass sie das Knie zum diagonalen Ellenbogen bringen.

Übungen Rumpf

Seitstütz

Trainingsziel
Übung für die seitliche Rumpfmuskulatur.

Ausgangsposition
- Gehen Sie in einen Seitstütz, mit dem unteren Arm stützen Sie sich auf dem quer liegenden Gewichtssack ab, Achten Sie darauf, dass sich der Unterarm direkt unter der Schulter befindet, die Hüfte ist gestreckt, der obere Arm wird locker auf der Körperlängsseite abgelegt.

Übungsausführung
- Lassen Sie die Hüfte bis kurz vor dem Boden ab und drücken sie anschließend wieder nach oben.

Varianten
- die sensomotorischen Anforderungen können dadurch erhöht werden, dass der Gewichtssack längs zum Unterarm platziert wird. So wird es schwieriger das Gleichgewicht zu halten.
- Die Übung kann auch sehr gut statisch ausgeführt werden.
- Wenn die Ausführung mit ausgestreckten Beinen zu schwer ist, dann können Sie sie einfacher gestalten indem Sie die Knie nach hinten anbeugen. Achten Sie darauf, dass die Hüfte trotzdem gestreckt ist.
- Eine weitere Variante besteht darin, dass Sie das obere Bein zum Ellenbogen des oberen Armes führen und wieder strecken.

Übungen Rumpf

Hürdenschritt

Trainingsziel
Hervorragende Übung für das Training der Rumpfstabilität mit hohen Anforderungen an die Ballance und Koordination.

Ausgangsposition
- Knien Sie sich mit aufgerichtetem Oberkörper direkt vor den quer vor Ihnen liegenden Gewichtsack, die Hüfte strecken Sie, die Hände werden locker seitlich an den Kopf gelegt. Die Füße sind angebeugt. Ziehen Sie den Bauchnabel leicht nach innen und halten während der gesamten Bewegungsausführung eine ausgeprägte Rumpfspannung mit geradem Rücken.

Übungsausführung
- Heben Sie langsam ein Knie vom Boden ab und führen das gesamte Bein seitlich über den Sack nach vorne. Achten Sie während der Ausführung darauf, dass der Oberkörper aufrecht bleibt.
- Anschließend führen Sie das Bein in der umgekehrten Reihenfolge wieder zurück, weiter geht es mit der nächsten Wiederholung.

Übungen Rumpf

Durchzieher

Trainingsziel

Hervorragende dynamische Übung für die Rumpfstabilisation, zusätzlich wird auch der Oberkörper, vor allem Brust- Schulter- und Trizepsmuskulatur, mittrainiert.

Ausgangsposition

- Gehen Sie in eine Liegestützposition, die Arme sind schulterbreit auseinander, die Schultern befinden sich senkrecht über den Händen. Den Gewichtssack legen Sie leicht zur Seite versetzt unter den Oberkörper. Ziehen Sie den Bauchnabel leicht nach innen und halten während der gesamten Bewegungsausführung eine ausgeprägte Rumpfspannung mit geradem Rücken..

Übungsausführung

- Greifen Sie den Gewichtssack unter dem Körper hindurch am oberen Griff.
- Ziehen Sie den Sack explosiv unter dem Körper hindurch zur Seite.
- Setzen Sie die Hand ab und greifen den Sack mit der anderen wieder unter dem Körper.
- Wiederholen Sie die Bewegung zur anderen Seite.

Übungen Rumpf

Trainingsprogramme

Abhängig von Trainingsziel und Fitness gibt es unzählige Möglichkeiten den Sandsack in das Athletiktraining zu integrieren. Sowohl als eigenständiges Fitnessprogramm als auch als ergänzende Möglichkeit die Leistungsfähigkeit in einer Spezialsportart zu verbessern.

Versuchen Sie auch als Einsteiger auf jeden Fall mindestens 2 Trainingseinheiten pro Woche in ihren Alltag zu integrieren. Beginnen Sie mit einem der Einsteigerprogramme, die Sie auch gut abwechselnd durchführen können. Bei verbesserter Fitness nutzen Sie die fortgeschrittenen Programme und stellen sich je nach Trainingsziel und Leistungsstand auch individuelle Übungsprogramme zusammen. Die dargestellten Programme können dazu als Grundlage und Anregung dienen.

Führen Sie vor dem eigentlichen Programm die Aufwärmroutine durch, die Sie auch bei anderen Trainingseinheiten im Fitness.- und Athletiktraining nutzen können.

Starten Sie bei den Einsteigerprogrammen mit 1-2 Durchgängen und 12 - 15 Wiederholungen, steigern Sie die Anzahl der Durchgänge sukzessive auf 3-4 bei den fortgeschrittenen Programmen.

Trainingsprogramme

Einsteigerprogramm 1

- Pendel (Seite 86)
- Rudern aufrecht (Seite 118)
- Crunch (Seite 126)
- Hüftbrücke (Seite 104)

Trainingsprogramme

Einsteigerprogramm 2

- einarmiges Schwingen (Seite 88)
- Kniebeuge (Seite 98)
- Liegestütz (Seite 108)
- Seitbeugen Überkopf (Seite 124)

Trainingsprogramme

Fortgeschrittenen-Programm 1

- Schwung in die Kiebeuge (Seite 94)
- Umsetzen (Seite 66)
- Liegestütz asymetrisch (Seite 110)
- Schulterdrücken alternierend (Seite 116)
- Brett (Seite 130)

Fortgeschrittenen-Programm 2

- Holzhacker (Seite 90)
- "fliegendes" Umsetzen (Seite 68)
- Ausfallschritt mit Drehung (Seite 100)
- Rudern vorgebeugt (Seite 120)
- Abrollen auf dem Sandsack (Seite 128)
- Brett mit Rotation (Seite 132)

Trainingsprogramme

"Profi"-Programm 1

- Aufschultern mit Drehung (Seite 76)
- Reissen (Seite 80)
- Ausfallschritt mit Drehung (Seite 100)
- Liegestütz plyometrisch (Seite 112)
- Seitstütz (Seite 136)
- Bergsteiger (Seite 134)

"Profi"-Programm 2

- Holzhacker "reverse" (Seite 92)
- Burpee (Seite 78)
- laterale Kniebeugen (Seite 102)
- Crunch (Seite 126)
- Brett mit Rotation (Seite 132)
- Hürdenschritt (Seite 138)

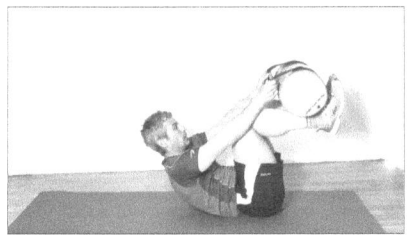
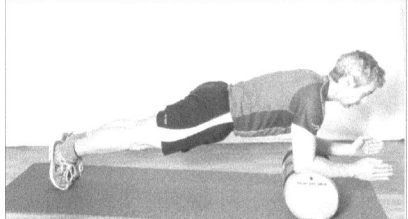